LES GRANDS MUSICIENS
PAR LES MAITRES D'AUJOURD'HUI

VINCENT D'INDY

RICHARD WAGNER

PARIS
LIBRAIRIE DELAGRAVE
15, Rue Soufflot, 15

RICHARD WAGNER
et son influence sur la Musique Française
par VINCENT D'INDY

Collection des
"Grands Musiciens par les Maîtres d'Aujourd'hui"
publiée sous la direction de HENRI COLLET

Un volume, in-16, avec portrait, broché   **10 fr**

Librairie DELAGRAVE, 15, rue Soufflot, Paris (5e). — R. C. Seine 76035

L'auteur de "*Richard Wagner*", premier ouvrage de la collection artistique des "*Grands Musiciens par les Maîtres d'Aujourd'hui*", est VINCENT D'INDY, considéré dès aujourd'hui comme l'héritier du grand musicien allemand par la puissance de ses conceptions, la maîtrise de ses architectures lyriques, l'éblouissement de son orchestration.

Aussi bien, nul ne pouvait mieux traiter un pareil sujet, si fécond en enseignements de toutes sortes. Ce que fut la musique avant l'apparition de Wagner, et ce qu'elle devint en France après la révélation du Magicien, Vincent d'Indy nous le dit avec force et clarté. Une revue de toutes les œuvres lyriques françaises écloses sous l'influence de Wagner se trouve faite en cet ouvrage avec une souveraine lucidité. Un des chapitres les plus passionnants du livre est celui où l'auteur rattache *Pelléas et Mélisande*, de Debussy, à la tradition wagnérienne.

On sait, par des ouvrages antérieurs de Vincent d'Indy, l'agrément du style et la force expressive du Maître français. Le nouveau livre du chantre de *Fervaal*, de *l'Étranger* ou de *la Légende de Saint-Christophe*, ne le cède en rien à ses devanciers. Peut-être même, par sa forme plus libre, se prête-t-il mieux qu'aucun autre à des suggestions d'ordre à la fois général et technique.

Prière de communiquer.

LES GRANDS MUSICIENS

par

LES MAITRES D'AUJOURD'HUI

Collection publiée sous la direction de Henri COLLET,
Docteur ès lettres.

L'Histoire de la Musique intéresse de plus en plus le public. Les collections jusqu'ici publiées par d'éminents musicologues ont obtenu la faveur des musiciens, des lettrés des innombrables amateurs de l'Art.

Mais il manquait l'ouvrage d'artiste, le petit livre écrit par les musiciens eux-mêmes à propos de leurs devanciers. Entendre parler de Wagner par Vincent d'Indy, de Déodat de Sévérac par Blanche Selva, de Bach par Widor, de Rameau par Migot, de Bizet par Laparra, de Paganini par Bilewski, de la Musique moderne par Honegger, voilà qui est fait pour passionner à la fois le technicien et l'amateur, et tel est le but que se propose cette nouvelle collection.

Nous ne doutons pas de l'accueil favorable qui lui sera réservé, d'autant plus que chaque ouvrage sera présenté de la façon la plus attrayante, dans un format élégant, et illustré de bois de l'exquis artiste qu'est Georges Baudin.

RICHARD WAGNER

ET SON INFLUENCE
SUR L'ART MUSICAL FRANÇAIS

LES GRANDS MUSICIENS PAR LES MAITRES D'AUJOURD'HUI
Directeur : Henri COLLET.
N° 1

VINCENT D'INDY

RICHARD WAGNER

ET SON INFLUENCE

SUR L'ART MUSICAL FRANÇAIS

PARIS
LIBRAIRIE DELAGRAVE
15, RUE SOUFFLOT, 15
1930

DE L'INFLUENCE WAGNÉRIENNE
SUR L'ART MUSICAL FRANÇAIS

CRIRE encore un ouvrage — quelque modestes que soient ses dimensions — sur Richard Wagner, peut sembler une entreprise tout à fait inutile; d'abord, parce que les publications suscitées par cette géniale figure, aux divers points de vue : historique, technique, esthétique, voire mystique, se comptent déjà par milliers, ensuite parce que Wagner, il faut bien en convenir, n'est plus, actuellement, *à la mode*.... Le *snob* n'en veut plus et le jeune musicien l'ignore... ou affecte de l'ignorer.

Il est cependant un point intéressant qui n'a pu être traité plus tôt, parce que le recul n'était pas encore suffisant pour permettre d'établir un jugement sûr, c'est l'appréciation de l'influence que l'art de Wagner put exercer sur le développement de notre musique à nous, quelle fut la nature de cette influence et quels en furent les effets.

Bien des opinions, diverses et même contradictoires, ont été émises sur cette question, mais sans que la relation de cause à effet y ait jamais été établie d'une façon certaine.

Pourquoi, en 1875, par exemple, toute musique sortant de l'ordinaire était-elle — comme le fut la *Carmen* de Bizet — marquée au fer rouge de l'étiquette, alors infamante, de « musique wagnérienne » ?

Pourquoi, à l'époque d'aveugle idolâtrie qui suivit l'apparition de *Parsifal*, à la fin du XIXe siècle, des compositeurs de valeur furent-ils blâmés et même découragés par les pontifes de la nouvelle esthétique, comme coupables du crime d'imitation des procédés de l'inimitable dieu ?

Pourquoi, enfin, vingt ans plus tard, les musiciens entachés de wagnérisme furent-ils qualifiés de gâteux et de fossiles par ceux qui se réclamaient du modernisme obligatoire ?

Mystères de la mode et du *snobisme* que tout cela, opinions changeantes qui n'ont rien à voir avec l'Art.

C'est pourquoi nous laisserons de côté ces variations négligeables, nous réservant de les juger à la fin de cette étude.

I

Les origines de l'art musical français.

POUR apprécier sainement la raison et la valeur d'une influence, il s'agit tout d'abord de bien connaître l'ambiance dans laquelle cette influence eut à s'exercer.

Si nous voulons savoir ce que fut le wagnérisme au regard de notre art français, il s'agira de déterminer l'état où se trouvait notre musique au moment ou Wagner fit son apparition. Mais, pour ce faire, il est nécessaire de donner un aperçu des origines de notre art musical. Nous allons nous efforcer de le faire brièvement.

A part les œuvres de quelques moines et celles du roi Robert-le-pieux, on ne rencontre guère de musique essentiellement française dans la première époque, époque *monodique*, où, dix siècles durant, le *chant grégorien* constitua, seul, le riche trésor d'où sortit toute la musique.

Dès la deuxième époque, où l'art *polyphonique* naquit en Flandre, les compositeurs français se firent moins rares; les noms de Pérotin, Francon de Paris, Philippe de Vitry, Josquin de Prés, Jean Mouton, Claudin de Sermizy, Gilles Binchois,

Claude Janequin, Guillaume Costeley, Claudin-le-Jeune, etc.,
sont là pour témoigner de la vigueur de cette belle école, aux
temps du Motet et de la Chanson madrigalesque.

Mais, dès le commencement du XVIIe siècle — (notez que la
musique est toujours d'une centaine d'années en retard sur
l'évolution des autres arts) — voici venir la Renaissance avec
son attirail pseudo-antique et ses idées faussées par le parti-
pris. Dès lors, la musique se sépare en deux branches très
distinctes : la branche symphonique, provenant de l'*art du
geste* : Suite, Sonate, Symphonie, etc., et la branche dramatique, *art de la parole*, qui donna naissance à l'Opéra.

Quelques musiciens français : Chambonnières, J. F. Rebel,
Dandrieu, la dynastie des Couperin, Sénaillé, Le Clerc, et les
organistes de marque, suivirent avec plus ou moins de bonheur
la voie symphonique, sans toutefois, beaucoup contribuer à la
mener au progrès. La voie dramatique fut, au contraire,
exploitée avec passion par nombre de compositeurs, parmi
lesquels, Lully au XVIIe siècle et Rameau au XVIIIe, deux
artistes de génie qui furent les vrais fondateurs de l'Opéra
français, ouvrirent largement la carrière où la plupart des
musiciens de notre pays s'engagèrent à leur suite.

On peut donc dire de la musique française que, deux siècles
durant, de 1669 à 1871, elle fut exclusivement de la musique
de théâtre.

Elle fut mieux.

Grâce aux qualités de logique et au juste sentiment de proportion et d'équilibre qui constituent ce que l'on a appelé :
le goût français, notre belle école d'Opéra sut pendant longtemps
maintenir très haut le drapeau de l'art dramatique sans le
laisser traîner dans les erreurs et dans les manifestations de
mauvais aloi où s'était enlisé l'Opéra italien. Celui-ci, en effet,

qui fut d'une si admirable tenue à l'époque de Monteverdi, avait dégénéré avec une incroyable rapidité jusqu'à
devenir un *poncif* complètement dénué d'intérêt artistique
et musical.

Et cependant, cette musique italienne, facile et parfois
agréable en raison du talent des chanteurs, s'était, dès la fin
du XVIIᵉ siècle, emparée de tous les théâtres d'Europe, et,
étouffant toute entreprise similaire, règnait en impératrice sur
l'unanimité des scènes des grandes capitales : à Vienne, Cesti,
Draghici, Pistocchi, Caldara, et, plus tard Salieri; à Dresde,
Pallavicino et Bontempi; Bernabei à Munich, Steffani à
Hanovre, Bononcini et Righini à Berlin et à Londres, G. Sarti
à Copenhague et Pétersbourg, tous, compositeurs de très
second ordre, regardaient les théâtres européens comme
faisant partie de leur apanage et se passaient mutuellement
les postes vacants, sans jamais y admettre les nationaux des
villes qu'ils occupaient comme un pays conquis.

Comment se fait-il que, munis d'une telle puissance, les
fabriquants d'opéras italiens ne soient pas parvenus, au
XVIIIᵉ siècle, à occuper la place de Paris?... Ah! c'est que le
Français, épris, avant tout, de clarté et de logique, nous l'avons
dit plus haut, répugnait à ces récitatifs trop rapides destinés
à n'être point écoutés, à ces airs toujours établis sur la même
coupe et dont les paroles n'offraient aucun intérêt. L'auditeur
français, ne se contentant pas de « roulades » et de « traits de
chant », voulait avant tout être instruit et charmé par un texte
littéraire doué du véritable sens dramatique; il tenait à être
intéressé par « la pièce » qui se jouait devant lui et à saisir les
raisons et les enchaînements des péripéties, toutes satisfactions
qu'il ne rencontrait pas dans l'art italien.

Et puis, l'Opéra aimé de ce public avait la chance d'être

défendu par de rudes champions, tous musiciens de génie :
Lully, Rameau, Destouches, Gluck.

Ce dernier, bien que bohême d'origine, composa ses cinq
derniers chefs-d'œuvre sur des poèmes de langue et d'esprit
profondément français. Après eux, Méhul continua leur tradition et nous rencontrons, dans l'ordre de l'Opéra comique, les
Monsigny, les Grétry, les Dalayrac, etc.

Cependant, ce n'était pas faute que, par des attaques réitérées,
les Italiens se fussent lancés à l'assaut des théâtres parisiens.
Avant le XIX\ siècle, il s'était déjà produit, de leur part, deux
tentatives de conquête et d'envahissement de la France.
D'abord, en 1752, le succès aussi phénoménal qu'éphémère
de la *Serva padrona*, opéra bouffe de Pergolèse, avait frappé
un premier coup et occasionné ce qu'on a nommé : « la
querelle des bouffons ». De ce premier assaut sortit l'opéra
comique français, établi d'après la forme de l'*opera buffa*
italien, mais avec, comme fonds, toutes les qualités de notre
pays.

La deuxième attaque prit pour objectif l'art admirable de
Gluck.

Les partisans de la musique italienne, parmi lesquels on
comptait plusieurs membres de l'Encyclopédie, et J.-J. Rous-
seau lui-même, s'ingénièrent à trouver un musicien italien à
opposer à Gluck; leur choix se porta sur l'inconscient Piccini,
bien empêché de servir de drapeau en pareille aventure, mais
le génie de l'auteur d'*Armide* triompha aisément de cette
deuxième tentative.

Quarante ans plus tard, une troisième ruée italienne s'abattit
sur notre pays, et cette fois, hélas ! — fut-ce en raison de la
fatigue causée par les guerres continuelles du premier Empire,
fut-ce grâce aux charmes vulgaires de la caresse italienne et

aux belles voix des chanteurs amenés par Rossini ? — cette fois les Français se laissèrent bercer et endormir, abdiquant les qualités qui, jadis, avaient fait leur force.

Et tous nos compositeurs, éblouis par cette musique facile et regorgeant de formules à succès, s'empressèrent d'écrire de plates imitations des non moins plates œuvres de théâtre de Rossini, de Bellini, de Donizetti, etc.

A ce moment précis vient se placer un fait qui contribua puissamment à la décadence et à l'abâtardissement de notre drame musical.

Aux époques où les artistes créateurs étaient soutenus par leur pure foi en la beauté de l'art qu'ils avaient choisi, ou même par le désir de gloire personnelle dont l'esprit de la Renaissance avait favorisé l'éclosion, aucun d'eux ne pensait pouvoir faire de son art et de son talent un prétexte à de vulgaires profits ; musiciens, peintres, sculpteurs et architectes, soit munis d'un poste de maître de chapelle dans une importante cathédrale, soit attachés à la cour d'un prince, ordinairement généreux, — toutes situations qui leur assuraient amplement la vie quotidienne, — ne songeaient point à se créer des ressources rémunératrices, à côté de ce que pouvait leur fournir leur position.

Il ne serait pas entré dans l'esprit d'un Dante Alighieri de traiter avec un éditeur (en supposant qu'il en eût existé de son temps), aux fins d'exploitation de sa *Commedia*. Jamais un Fra Angelico n'eut pensé à vendre à un quelconque industriel le droit de reproduire les fresques qui ornent les cellules du couvent de San Marco. Monteverdi n'avait aucune *prime* à toucher à la vingt-cinquième représentation de son *Orfeo*, et J. S. Bach fournissait gratuitement deux cent soixante Cantates pour les cérémonies de l'église Saint-Thomas, à Leipzig.

Mais, au XIXe siècle, il n'en était plus ainsi ; l'exercice de l'art, et spécialement de la composition musicale, était devenu une source de bénéfices très lucratifs, surtout en ce qui concernait la musique de théâtre.

Des tractations, plus ou moins honnêtes, s'établissaient entre les musiciens, les fournisseurs de *livrets* « à la grosse » et les directeurs de théâtre, exploiteurs, souvent même propriétaires des œuvres fournies ; cela, surtout, depuis les étonnants succès d'argent de Rossini, qui, dans les six premiers mois de l'année 1822, avait encaissé plus de 300 000 francs de bénéfices nets.

Une société s'était même fondée, qui assurait des revenus fixes à toute œuvre déclarée à ses bureaux.

Devant ce nouvel état de choses, un élément social dont l'unique but, dans la vie, fut toujours de gagner de l'argent : le *juif*, s'établit en maître dans la musique... et y resta.

Chose curieuse : au cours des quatorze siècles que notre art employa à se développer, on ne rencontre, dans l'histoire musicale qu'*un seul* israélite, Salomon Rossi, rabbin de Mantoue, qui écrivit, au XVIe siècle, quelques pièces polyphoniques : canzonnettes, madrigaux et psaumes, et ce n'est que deux cents ans plus tard que les noms hébraïques apparaissent avec profusion au répertoire de l'art dramatique français.

A ce moment-là, la musique d'opéra était devenue un métier « de rapport », où chaque succès se soldait en importants bénéfices. Quoi de plus naturel que le *juif* se jetât, en masse, dans cette nouvelle carrière qui s'offrait à son avidité, et qu'il employât alors tous les moyens pour obtenir ce succès à tous prix ?

« Mais, nous objectera-t-on, en quoi cette question de religion peut-elle exercer une influence quelconque sur la question d'art ? »

— Pardon ! il ne s'agit pas ici de religion, mais de *race*. »

La race hébraïque, douée, d'autre part, de sérieuses qualités, n'a jamais et en aucun temps été créatrice en art.

Qu'on ne croie pas que je viens me livrer ici à des attaques systématiques contre la race israélite. Je reconnais sincèrement que le juif possède un don merveilleux d'assimilateur qui lui permet de produire de surprenantes imitations, mais les qualités d'invention, qui, seules, peuvent faire progresser l'art, lui font totalement défaut.

Voilà la cause de la vertigineuse décadence qui se produisit dans notre musique française dès que la race israélite y fit apparition, et c'est ainsi que, dans une brochure devenue rare : *Le judaïsme dans la musique* (1868), Wagner a pu écrire avec juste raison et preuves à l'appui : « Le juif ne peut que répéter et imiter, *il ne peut pas créer....* Nous sommes donc forcés de regarder la période du judaïsme, dans l'art musical, comme celle de la plus complète impuissance dans l'ordre de la production. »

Et, de fait, à l'époque de l'histoire musicale française où nous sommes arrivés, étant donné que l'art symphonique est, chez nous, presqu'inexistant et que toute la musique est cantonnée dans la production théâtrale, ce sont les juifs qui, jalousement et exclusivement, occupent les deux seules scènes : Opéra et Opéra-comique, où l'art dramatique est susceptible d'avoir cours.

C'est d'abord le librettiste Scribe, fournisseur patenté de tous les canevas sur lesquels les musiciens hébraïques viennent plaquer leurs formules ; c'est Auber, de croyance nulle mais d'incontestable atavisme israélite, qui encombre les deux théâtres avec ses 44 opéras ; c'est Hérold, mort à quarante-deux ans après une production de 20 opéras comiques ; c'est

Halévy, dont les 38 opéras, délices des ténors de province, semblent porter un constant défi aux règles de la prosodie française, tout en tâchant d'adapter aux situations les plus pathétiques une musique franchement ridicule.

Et c'est encore : Jakob Liebman Beer, plus connu sous le nom de Meyerbeer, qui, après avoir fait une carrière de pasticheur italien, vint s'établir en France et accapara près de cinquante ans nos scènes lyriques, aidant puissamment, au moyen de son immense fortune, au succès continu des 6 opéras qu'il écrivit pour Paris.

Meyerbeer, né à Berlin, est le seul musicien indigène du royaume de Prusse.

A côté de ceux-ci, nous trouvons Félicien David, avec 5 opéras, et enfin Adolphe Adam, l'auteur de l'ignoble chanson à boire qu'on osait chanter naguère à Noël, dans toutes les églises, sous le vocable : « Minuit, chrétiens... ». Les 82 opéras d'Adam semblent constituer une gageure, à savoir laquelle de ces œuvres peut être la plus vulgaire et la plus dénuée de sens artistique.

Cette mainmise du judaïsme sur nos théâtres, imitation flagrante et souvent ridicule des procédés à succès de la musique italienne, eut pour résultat d'arrêter pendant près d'un siècle l'essor et le progrès de notre musique française. Or, comme tout art qui ne marche pas en avant décline forcément vers la décadence, l'époque judaïque aboutit naturellement à l'intrusion d'un art inférieur, sorte de champignon parasite éclos sur la pourriture, que l'on appela : l'Opérette.

Et ce fut encore un juif, J. Offenbach, qui prit la tête de ce mouvement, renouveau bien amoindri de l'ancien opéra comique et qui ne produisit, en somme, que de mauvais fruits.

II

État de la musique française
dans la première moitié du XIXe siècle.

Vers la fin de cette période d'agonie et d'enlisement de notre musique dramatique, une lumière avait surgi en Allemagne, une évolution avait eu lieu, évolution basée, comme tout effort productif, sur les grandes assises traditionnelles, mais reprenant et traitant sous un nouveau jour le drame gluckiste en l'élargissant de façon à lui donner l'aspect d'un art tout nouveau.

Deux génies musicaux avaient successivement contribué à cette marche progressive : Weber et Wagner.

Mais, en France, on ne semblait vouloir tenir aucun compte de cet événement.

La plupart de nos compositeurs — tout en en sentant bien le ridicule — se débattaient, avec parfois de bonnes intentions, dans le fatras des gabarits et des poncifs employés par l'école judaïque; l'éclectisme — élément haïssable en art — dominait dans toute la production théâtrale. Les gentillesses caduques d'un Victor Massé, la grotesque grandiloquence d'un Ambroise

Thomas et même le charme mélodique très réel d'un Gounod, artiste doué d'aspirations élevées qui le menèrent parfois jusqu'au seuil de la Beauté, n'apportaient aucune influence vivifiante à notre musique, tandis que le *vulgum pecus* des musiciens se laissait aller à une production de tout repos, qui « rapportait » sans coûter beaucoup d'efforts.

Un seul musicien français, au cours de cette période stagnante, avait tenté de grandes choses....

Ne pouvant espérer d'accéder au théâtre dont il ne parvint à forcer les portes — sans grand résultat — qu'à la fin de sa vie, Berlioz s'était rejeté vers la Symphonie, ou plutôt vers les grandes manifestations symphoniques rehaussées de masses chorales; mais, en dépit de son indéniable génie, une éducation imparfaite, aussi bien qu'un certain manque de générosité dans la phrase mélodique, ne permirent pas à ses œuvres de constituer un point de départ dans le renouvellement de l'art musical.

C'est d'ailleurs que devait nous arriver le souffle de rénovation.

La grande figure de Richard Wagner se levait en Allemagne.

III

Les origines de l'Opéra allemand.

ORSQU'ON excursionne en pays montagneux, on est tout d'abord frappé par la majesté des sommets qui dominent de leur masse hautaine les lignes de crêtes étendues à leurs pieds. Il semble que ceux-là soient des chefs d'armée, ayant recruté et concentré autour d'eux tout un contingent de pics, de monts et de coteaux qui leur constitue une base solide nommée, en géologie : soulèvement, et en art : tradition.

Les très hauts sommets de la tradition artistique ne sont pas nombreux et la liste en sera vite parcourue lorsqu'on aura nommé, en littérature : Virgile, Dante, Shakespeare, Molière, Gœthe et peut être Hugo; en peinture : Giovanni da Fiesole, Raphaël, Rembrandt, Velasquez et peut-être Delacroix; en musique : Pierluigi da Palestrina, Vittoria, Lassus, Monteverdi, J. S. Bach, Rameau, Gluck, Beethoven et Richard Wagner.

C'est de ce dernier dont nous allons avoir à parler; mais, avant d'examiner l'action qu'il put exercer sur notre musique, il convient de fixer les conditions dans lesquelles se trouvait

3

l'art musical au moment où l'auteur de *Parsifal* entreprit la réforme du drame allemand.

Nous venons de voir que, vers le milieu du XIXe siècle, la scène musicale française, abâtardie, d'une part, par la délétère influence de l'art judaïque, et d'autre part, par la culture de l'éclectisme, glissait peu à peu sur la pente conduisant à l'opérette; l'Italie restait enlisée dans les sables du rossinisme, sans même tenter d'en sortir.

Un curieux mouvement autonomiste s'était produit en Russie, à la suite de Michel Glinka, vers un art appuyé sur l'élément national et populaire, mouvement qui ne fut malheureusement que d'assez courte durée.

Rien d'intéressant dans les autres régions européennes; l'Allemagne seule, au milieu de tout ce fouillis, avait vu s'ouvrir une voie dramatique nouvelle dont nous allons expliquer l'origine.

Au sortir des guerres napoléoniennes, un jeune musicien d'Oldenburg, un peu embarrassé, par suite d'études incomplètes, dans l'art de la Symphonie, mais doué d'un véritable génie dramatique : Karl Maria von Weber, répudiant de parti pris toute l'influence étrangère, aussi bien celle de l'italianisme établi en maître dans toutes les capitales de l'Europe, que celle de l'opéra judaïque, qui envahissait la France avec une vertigineuse rapidité, Karl Maria von Weber résolut d'instaurer dans son pays allemand une musique de théâtre fondée sur le premier principe de tout art : la sincérité.

Pour arriver à son but, il choisit ses sujets dans les contes et les légendes qui ont nourri sa jeunesse et dont va vivre toute l'Allemagne romantique.

Sans prétendre révolutionner l'art dramatique, il trouve, grâce à son merveilleux instinct musical, des innovations qui

contribuent à établir, presque de toutes pièces, un *opéra allemand,* continué par des compositeurs de moindre importance,
comme Spohr, Lortzing, Marschner, etc., et d'où surgira plus
tard — avec quel éclat — l'œuvre wagnérien.

De nombreuses tentatives avaient été faites, dès le XVIIIe siècle,
pour fonder en Allemagne un opéra en langue allemande. Un
théâtre, assez florissant à ses débuts, fut édifié à Hambourg,
en 1678, et inauguré par l'*Adam und Heva,* drame sacré de
Johann Theile. Francken, Strüngk, Kusser, Mattheson, Tele-
mann et enfin Händel furent successivement directeurs de
ce théâtre, dont ils alimentèrent copieusement le répertoire
avec leurs œuvres. Mais, après le départ de Händel pour
Londres, l'entreprise devint bientôt la proie des Italiens.

Le théâtre allemand avait à peine vécu trente ans.

Cinquante ans plus tard, vers 1760, voici l'apparition du
Spieloper, sorte de compromis entre l'opéra comique français
et ce qui deviendra plus tard l'opérette viennoise : sujets choisis
parmi les légendes populaires, et traités, en langue allemande,
par les compositeurs Adolf Hiller, K. von Dittersdorf, Schenck,
von Winter, Josef Weigl, etc.

Ce genre, évidemment inférieur, se maintint pendant une
trentaine d'années, puis s'effrita peu à peu en des poncifs
dénués-d'intérêt. Il fallait l'enthousiasme d'un musicien sincère
comme Weber pour risquer une nouvelle tentative, qui, cette
fois, fut couronnée d'un plein succès.

L'apparition du *Freischütz,* représenté en 1821 sur la scène
du Nouvel Opéra allemand de Dresde, dont Weber avait pris
la direction, fut un triomphe national. L'œuvre prit sa place
sur toutes les scènes d'Allemagne, refoulant derrière elle tout
le répertoire italien.

Le second opéra de Weber, l'admirable *Euryanthe,* représenté à Vienne en 1823, n'eut pas la même fortune et tomba sous un jeu de mots que les Viennois crurent être français : la pièce fut qualifiée par eux d'*ennuyante*....

Un troisième chef-d'œuvre : *Oberon*, d'après la légende française de Huon de Bordeaux, réussit à Londres en 1826 ; mais il coûta la vie au malheureux auteur, qui mourut à la suite des fatigues endurées aux répétitions....

Dans ces trois ouvrages, dans Euryanthe surtout, le drame est traité d'une façon merveilleuse et vraiment nouvelle, bien que la construction des scènes musicales, la coupe des airs et des morceaux d'ensemble restent conformes à la tradition.

Mais ce qui est tout à fait frappant au point de vue du sujet que nous traitons, c'est l'analogie d'un grand nombre de passages, et même de morceaux entiers, avec certains passages de Wagner présentant la même situation dramatique et traduits par une musique presque identique.

Qu'on nous permette de citer ici quelques-unes de ces analogies :

Dans *Freischütz*, au premier tableau du second acte, l'ensemble du duo des deux femmes rappelle de très près le duo d'Elsa et Ortrude, au deuxième acte de Lohengrin ; la plainte hésitante du basson évoquant l'anxiété de Max, au moment de sa condamnation (finale du troisième acte), est bien proche parente de la plainte anxieuse d'Isolde sur le corps de Tristan qu'elle croit encore vivant.

Dans *Oberon*, la scène de séduction du quatrième acte n'est vraiment pas si lointaine du chant des « filles-fleurs » au deuxième acte de *Parsifal*.

Mais c'est surtout dans Euryanthe que se trouvent les plus curieuses rencontres ; en voici quelques exemples :

EURYANTHE (Acte I, 2e tableau).

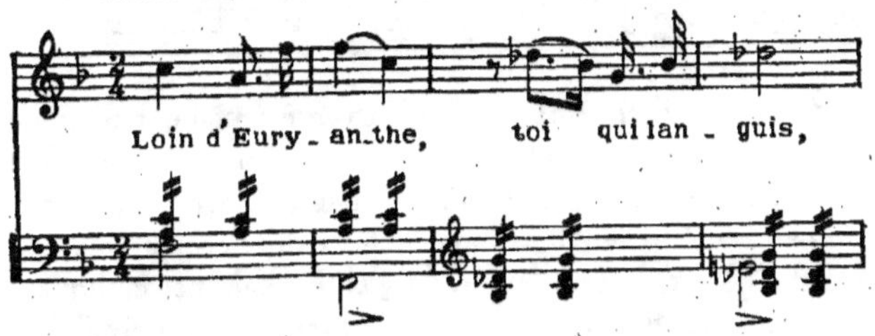

TANNHAUSER (Acte III).

Dans le duo d'*Euryanthe* et *Eglantine*, même situation et presque même musique que dans celui du deuxième acte de Lohengrin entre Elsa et Ortrude. Au *finale* de ce même tableau (arrivée de Lysiart au château d'Euryanthe), la phrase de bienvenue qui accueille le chevalier félon semble une esquisse de la mélodie confiante qui clôt le duo entre les deux femmes cité ci-dessus :

EURYANTHE (Acte II).

Au *finale* du deuxième acte d'Euryante, même situation dramatique (projet criminel) et même thème musical en octaves qu'au deuxième acte de *Gotterdämmerung* (serment de mort).

Comparez enfin, au deuxième tableau du dernier acte de l'opéra de Weber, la joie féroce d'Églantine faisant publiquement l'atroce confession de son crime avec la scène similaire d'Ortrude, au troisième acte de *Lohengrin;* vous constaterez, sinon une parité mélodique, au moins un effet esthétique tout à fait semblable.

Bien d'autres choses pourraient être citées comme preuves de la parenté directe de la musique de Weber avec la pensée wagnérienne : cette parenté ne peut être niée. De là, nous pouvons conclure que si Wagner céda parfois au défaut capital de nombreux auteurs allemands : la prolixité inutile confinant au mépris des proportions, il sut la plupart du temps garder, comme Weber, le sceau de l'éducation latine traditionnelle qu'il avait reçue dès ses premières études.

En effet, si nous recherchons la cause de la bonne construction, de la clarté et de la solidité des œuvres d'art allemandes jusqu'à la moitié du XIXe siècle, nous la trouverons dans ce fait que tous les artistes de ce pays, architectes et dessinateurs de jardins, aussi bien que peintres décorateurs, statuaires et musiciens, étaient, jusqu'alors, restés sous l'influence de l'esprit latin dont ils avaient, tous, reçu les salutaires enseignements, apprenant ainsi l'ordre et le juste sentiment des proportions, qualités latines dont l'esprit *echt deutsch* fut toujours presque totalement dépourvu. Beethoven est un latin au même titre que Mozart, Gluck, Bach, Schütz, et aussi les architectes

de tous les souverains, électeurs ou grands ducs qui se faisaient
bâtir des châteaux de Marly ou planter des parterres de Versailles.

Déjà, avec Schubert et Schumann, commencent à apparaître
les longueurs superflues, les redites sans cause ; puis c'est, avec
Bruckner, Mahler et autres, l'oiseux verbiage musical, parent
de celui des philosophes et des savants docteurs allemands qui
exigent la lecture de 50 pages, au minimum, pour expliquer
ce qu'un latin saurait exprimer bien plus clairement et plus
complètement en l'espace de 15 lignes.

A la fin du XIXe siècle, tout a changé, et le fait s'explique
assez facilement.

Après avoir été vainqueurs des Danois, puis des Autrichiens
en 1866 et des Français en 1870, les futurs vaincus de 1918,
s'étant décrété plus grands que les plus grands, décidèrent
de prouver cette assertion par leurs œuvres.

De là, abandon dédaigneux de la Beauté latine et intrusion
d'un art démesuré et disproportionné qui n'a rien de commun
avec la grandeur.

Pour avoir cherché le « colossalement grand », les Allemands
ont trouvé le « colossalement gros », ce qui n'est pas tout à fait
la même chose....

Quoi qu'il en soit, la sublime beauté de la musique de Richard
Wagner, qui reste toujours de la *belle musique*, même dans les
passages fastidieux au point de vue du drame, le choix si
judicieux des thèmes conducteurs et des tonalités où évoluent
ces thèmes, la solidité de la construction, assurée par l'heureuse
répartition de ces tonalités, tout cet ensemble contribue à faire
des drames wagnériens autant de chefs-d'œuvre encore inégalés.

Comment cette musique, si nouvelle malgré son ferme appui
sur la tradition, parvint-elle à prendre un ascendant sur notre
musique française, c'est ce que nous allons chercher maintenant.

IV

Richard Wagner.

ON sait que l'œuvre de Wagner, abstraction faite de quelques marches militaires plus ou moins impériales, consiste en un faisceau de 13 pièces destinées à être représentées sur une scène de théâtre.

Cette production peut se diviser en trois époques, ou plutôt en trois manières, nettement caractérisées.

Dans la première, qu'on pourrait appeler : époque d'imitation et qui comprend les quatre premiers opéras, écrits de 1832 à 1840, le jeune artiste cherche manifestement sa voie au milieu des formes alors en honneur.

Veut-il suivre la route poétique tracée par Weber dans *Freischütz* et *Oberon*? Cette route le conduira à la composition des *Fées*, où l'imitation weberienne est flagrante.

Ira-t-il, au contraire, vers l'art romantique, et tentera-t-il, comme Weber dans *Euryanthe*, de ressusciter un moyen âge de fantaisie en traitant un sujet shakespearien? Alors, ce sera la *Défense d'aimer* (*Liebes Verbot*) qui sortira de sa plume.

Mais voilà que Meyerbeer a inauguré, à Paris, l'opéra histo-

4

rique à grand spectacle, et le succès des *Huguenots*, en 1826, a suggéré à Wagner d'écrire une œuvre où vont se rencontrer, pêle-mêle, les cortèges équestres, les conjurations, les anathèmes, le tout agrémenté de formules italiennes en recul même sur la valeur mélodique des pièces précédentes ; et ce sera : *Rienzi, le dernier tribun*.

Cependant, en 1840, il revient à la ligne weberienne avec le *Hollandais errant*, mieux connu sous le titre de *Vaisseau fantôme*. La deuxième époque, dont on pourrait dire qu'elle constitue une période de transition, ne compte que deux ouvrages : *Tannhauser* et *Lohengrin*.

Le premier est encore un succédané — mieux pensé, toutefois et mieux écrit — des opéras à grand spectacle de Meyerbeer. Cependant le superbe récit du voyage à Rome concluant par la nouvelle emprise de Vénus sur le chevalier-poète, est une scène dramatique de premier ordre qui ouvre, toutes grandes, les portes de l'avenir.

Avec *Lohengrin*, Wagner semble vouloir évoquer une dernière fois le style de Weber dans *Euryanthe ;* nous avons déjà fait remarquer plus haut certaines analogies assez frappantes, mais ce qui différencie *Lohengrin* de l'opéra de Weber, c'est l'étude suivie des personnages, de leur psychologie et de l'action du drame sur leur manière d'être.

Pendant cette période transitoire qui dura huit à dix ans, que se passait-il sur nos scènes parisiennes ? A l'Opéra-comique, on jouait *Les Diamants de la couronne, La Part du diable, La Sirène*, d'Auber ; à l'Opéra : *La Reine de Chypre, Charles VI, Les Mousquetaires*, d'Halévy ; Adam triomphait avec son ridicule *Toréador* et Meyerbeer préparait les fanfares et les explosions du *Prophète*.

Wagner, lui, n'était pas satisfait de sa production. Il était saisi par un grand projet de réforme du drame musical, et,

se sentant incapable de le réaliser alors, il se donna dix années
de réflexion, pendant lesquelles il chercha les moyens propres
à le diriger vers son but.

Et il trouva ceci :

Toujours résolu à ne point briser la chaîne traditionnelle,
il entreprit l'adaptation du principe florentin de la parole
expressive (le *stile rappresentativo* de Monteverdi) à un système
de motifs conducteurs appliquant le développement symphonique au drame par l'emploi judicieux de la grande variation.

C'est sur ces données qu'il entreprit, dès 1850, la composition d'un vaste poème en quatre parties, ayant pour sujet
apparent la légende scandinave de *Siegfried*, mais appelé en
réalité à décrire, à travers cette légende, l'influence délétère
de l'Or — richesse mal acquise — et sa puissance destructrice
de la jeunesse, de l'amour et même de la divinité.

La construction de ce monument colossal : le *Ring des
Nibelungen*, s'étendit sur les vingt-cinq années qui vont de
1850 à 1875.

Il est difficile de classer cette œuvre dans l'ordre du drame
musical proprement dit, en raison de ses dimensions inusitées ;
il faut donc la considérer comme une sorte de *poème épique*,
genre dont elle réunit toutes les caractéristiques, avec, en plus :
la *musique*, qui vient donner à la vieille épopée un renouveau
de croyance naïve et de vibrante expression.

Au cours des dix années qui préparèrent l'éclosion de cet
art nouveau, Wagner avait employé son activité à écrire des
ouvrages littéraires destinés à expliquer et à soutenir ses conceptions ; mais pendant la réalisation même du grand poème,
il ne put s'empêcher d'interrompre par deux fois son travail
pour écrire deux chefs-d'œuvre, modèles d'art dramatico-
musical : l'un, *Tristan et Isolde*, jailli, en 1859, de l'émotion

passionnée d'un grand amour, l'autre, *Les Maîtres chanteurs de Nuremberg* (1862), qui fut comme une diversion récréative au sérieux labeur de l'épopée.

Si le premier de ces deux ouvrages présente déjà, en son admirable spontanéité, l'application instinctive du résultat des années de pensée et de réflexion, on peut dire que c'est la comédie des *Maîtres chanteurs* qui inaugure, au point de vue *musical*, la nouvelle manière du compositeur.

Ici, en effet, toute l'architecture de l'œuvre s'édifie autour de deux types mélodiques formant cellule — l'un signifiant l'audacieuse jeunesse (A), l'autre la saine tradition (B), auxquels viennent successivement s'adjoindre des thèmes caractéristiques plus ou moins secondaires.

Mais tandis que le thème traditionnel (B) reste immuable en toutes ses interventions, celui qui a pour mission d'exprimer l'ardeur de la jeunesse (A) subit, au cours de l'œuvre, un grand nombre de modifications, résultantes de son application aux divers sentiments que peut éveiller, dans le drame, l'idée de jeunesse.

Voici quelques exemples de ces nombreuses transformations :
Acte I. Sc. 1re :

donne bientôt naissance à une forme nouvelle :

qui, pour n'être pas textuellement le thème, est cependant
incontestablement issue de celui-ci et devient plus tard l'impor-
tant dessin qui règne en maître sur tout le reste de l'ouvrage :

On retrouve encore le thème de jeunesse dans les réponses
de Walther à ses interlocuteurs :

et :

Il apparaîtra de nouveau dans l'admirable chant d'amour qui
émane du charme de la nuit, au deuxième acte :

Acte III. Sc. 2ᵉ, encore une transformation

et enfin le chant du concours qui n'est, à proprement parler, que le développement très élargi de ce même thème.

Cet aperçu peut donner une idée de la façon dont Wagner usait de ses « motifs conducteurs ». Mais il y a mieux, et il est curieux de remarquer que, dans un autre ouvrage où l'auteur de Tristan eut à caractériser le triomphe de la jeunesse, c'est encore ce même thème que Siegfried lance victorieusement aux arbres de la forêt au moment où il vient de conquérir Brunhilde.

Siegfried. Acte III. Sc. 3.

Cependant, à la fin de sa carrière, Wagner eut le désir de retourner aux sources auxquelles s'étaient abreuvés les premiers pionniers de l'art dramatique en Allemagne : la musique religieuse.

C'est ici le lieu de dire qu'avant même la fondation de l'école d'opéra de Hambourg mentionnée plus haut, des manifestations isolées, mais assez nombreuses, s'étaient produites sur divers points du pays allemand, tendant à représenter scéniquement des sujets empruntés aux livres saints ou même des pièces de fantaisie d'ordre religieux.

Dès 1597, les Jésuites de Munich avaient donné sur le

théâtre de leur Résidence *La Chute de Lucifer*, drame choral. A
la même époque le Palatin de Bavière, Albrecht V, avait fait
représenter à sa cour divers mystères où Roland de Lassus et
ses fils Ferdinand et Rudolf figuraient en personne. H. Schutz,
qui avait étudié à Venise sous l'habile direction de Giovanni
Gabrieli, était retourné en Saxe, en l'année 1612, rapportant
dans sa patrie les principes du nouvel opéra italien et il donna,
à Dresde, en 1627, une *Dafné* dont la musique est malheureusement perdue. Ce fut la première tentative, en Allemagne,
d'une œuvre dramatico-musicale sur un sujet profane, tentative isolée, tandis que la tendance de l'opéra religieux s'accen-
tuait de plus en plus dans ce pays.

La *Philotea*, histoire sacrée, d'auteur inconnu et tenant le
milieu entre l'oratorio et l'opéra, fut représentée à Munich en
1643 et rayonna avec grand succès dans toutes les cours allemandes. En 1644, Siegmund Staden, organiste de Saint-
Sebald, à Nuremberg, écrivait dans ce même sentiment mystique un véritable opéra en cinq actes intitulé : *Seelewig oder das
geistliche Waldgedicht*, où l'orchestre accompagnant se distri-
buait en 3 violons, 3 flûtes, 3 chalumeaux, 1 cor, 1 théorbe et
la basse-continue; et, d'autre part, nous l'avons déjà dit, Theile
inaugurait par un drame sacré le théâtre allemand de Hambourg.

Parsifal fut donc comme la résultante d'une sorte d'atavisme,
ramenant le créateur du drame musical contemporain à l'esprit
qui avait présidé aux origines de ce drame en Allemagne, mais
avec quelle ampleur de construction et quelle merveilleuse
entente de l'équilibre et de l'harmonie générale de l'œuvre!

V

L'Opéra français
contemporain de l'éclosion wagnérienne.

NE pareille éruption de matière dramatique en fusion n'était-elle point faite pour réveiller, en France, les musiciens endormis dans les faciles habitudes du théâtre d'alors?

Il n'en fut rien, cependant.

Nos musiciens éclectiques français continuaient, avec bien peu d'améliorations, à suivre les errements de l'école judaïque, trouvant fort commode de gagner de l'argent sans se donner aucune peine pour contribuer au progrès de l'art. La plupart d'entre ces musiciens, jeunes ou vieux, semblaient ignorer Wagner ou, du moins, ne tenaient aucun compte de ses œuvres et de ses découvertes.

Au cours des vingt-cinq ans qui s'étendent depuis *Tannhaüser* jusqu'à l'achèvement de *L'Anneau du Nibelung*, que rencontre-t-on dans la production des théâtres parisiens? *Le Caïd* d'Ambroise Thomas et *Galathée* de Victor Massé; puis le *Faust* de Gounod, exactement contemporain de *Tristan* (1859), *Mignon* et *Hamlet* d'Ambroise Thomas, au moment

5

où Wagner parachevait *Siegfried* et le *Crépuscule des dieux*. Si nous poussons plus avant, c'est le *Tribut de Zamora*, le moins bon des opéras de Gounod et *Françoise de Rimini*, dernière — et bien médiocre — manifestation musicale de l'auteur de *Mignon*, tout cela coïncidant avec le travail du troisième acte de *Parsifal*....

Bizet avait bien tenté, en 1875, avec *Carmen*, d'ouvrir, à l'Opéra-comique, quelques voies nouvelles, mais la grave accusation de « wagnérisme outrancier », unie à d'autres raisons, fut la principale cause de la chute de la pièce, dès son début....

Nous devons, à ce propos, rappeler ici cet axiome bien connu, que les commencements de carrière des artistes de génie restent toujours incompris par leurs contemporains immédiats, ce dont il ne faut point s'étonner puisque les œuvres de ceux-là, dépassant leur époque, ont pour mission de guider les esprits plus en avant sur la route de l'Art. Au contraire il arrive très fréquemment que certaines productions sans valeur, mais savamment lancées dans les milieux du *snobisme*, et écrites suivant les procédés et les formules à la mode, obtiennent un phénoménal mais éphémère succès, rapidement suivi du plus profond oubli.

Ceux qui, comme nous, ont assisté aux dernières convulsions de l'ode de Félicien David, intitulée : le *Désert*, qui fut peut-être le plus grand succès du XIXᵉ siècle, en ce genre, peuvent témoigner de la vérité de cette assertion. On ne pourrait plus entendre, actuellement, ce faux Oratorio, tandis que tel opéra de Monteverdi qui le précède de deux cents ans reste encore, à notre époque, un exemple de sereine beauté.

C'est ainsi que, dans tous les arts, nous trouvons des *œuvres vives*, qui, méconnues à leur début, atteignent, dès la génération suivante, la place à laquelle elles ont droit et rayonnent, perpétuellement vivantes à travers les siècles, tandis que les *œuvres mortes*, celles qui ne relèvent point de l'art véritable, en dépit d'un succès initial appuyé sur la mode et sur la réclame, pourrissent bientôt, en toute justice dans les bibliothèques et dans les coins sombres des musées.

L'œuvre de Wagner, pris en son ensemble, est et restera une splendide manifestation de vie artistique, fatalement appelée à transmettre cette exubérance vitale aux esprits dignes de la recevoir et d'en apprécier les bienfaits.

Chose curieuse à constater, c'est chez nous que cette salutaire influence se fit sentir tout d'abord, c'est en France que cette graine généreusement semée par le monde, trouva où il le fallait, et quand il le fallait, un terroir pour croître et fructifier d'une façon merveilleuse.

L'Allemagne musicale vivait tranquille, à l'ombre de Beethoven dont Mendelssohn et les compositeurs romantiques n'étaient que de vagues reflets. Le génie, tout personnel, de certains musiciens comme Schubert et Schumann, n'avait pas suffi pour faire brèche dans le mur néo-classique consolidé encore après eux par les Raff, les Brahms, etc.; les trouvailles de Weber n'avaient eu d'action que sur Wagner lui-même qui en avait absorbé la substance. Aucune brise ne semblait se lever présageant quelque saute de vent dans l'état d'esprit des musiciens d'outre-Rhin. En Italie, un seul compositeur, le vieux Verdi, paraissait avoir été touché par l'évolution wagnérienne; ses dernières œuvres : *Aïda, Otello, Falstaff* surtout, en subirent manifestement l'influence, mais cette influence ne dépassa point l'esthétique de Lohengrin. L'auteur du *Trovatore* n'avait plus, à la fin de son existence, la force nécessaire pour imposer à l'art de son pays, enlisé dans le lieu commun depuis deux siècles, des aspirations nouvelles.

Le *verismo* italien qui résulta de cet état de choses fut un faux pas sans conséquence dont les tendances s'abolirent bientôt sans avoir rien fondé.

Nous avons parlé plus haut de l'indifférence absolue des compositeurs éclectiques français dont la plupart, soit par crainte, soit par ignorance, voulaient tenir pour négligeable l'art wagnérien, manifestation d'un « fou qui prétendait rénover la musique ». Et ils continuaient, sans honte ni même désir de connaître, leur fructueux trafic de pièces écrites selon la formule chère aux israélites... et aux impuissants.

Les *jeunes* eux-mêmes, qui sortaient du Conservatoire munis de hautes récompenses, prix de fugue ou prix de Rome, ne se souciaient guère plus que ne faisaient leurs anciens du formidable mouvement qui allait transformer l'art musical.

Il faut convenir, à leur décharge, qu'ils n'étaient guère encouragés par leurs maîtres, compositeurs médiocres, ennemis de toute innovation et de tout progrès.

Pendant les dernières années de sa vie, où Auber exerça avec la plus complète négligence son métier de directeur du Conservatoire, seul établissement officiel d'instruction pour les jeunes musiciens, comme aussi pendant toute la dictature d'Ambroise Thomas, honnête homme mais compositeur tout à fait dépourvu de génie, l'enseignement de la composition, mission qui exige non seulement un certain prestige attribuable à la valeur artistique du professeur, mais aussi une extrême délicatesse chez celui-ci pour capter la confiance de ses élèves et pénétrer jusqu'à leur cœur, l'enseignement de la composition, disons-nous, était confié à des *non-valeurs* notoires, professeurs incapables d'inculquer à des élèves la connaissance d'un art qu'ils ignoraient eux-mêmes.

H. Reber, dont les minuscules opéra-comiques sont depuis

longtemps oubliés, vieillard frileux et sans énergie, avait pour principe de parler le moins possible à ses élèves et de ne répondre qu'évasivement à leurs demandes de conseils; Victor Massé, qui tirait toute sa renommée des *Noces de Jeannette*, était perpétuellement malade et se faisait le plus souvent remplacer à sa classe par un musicien de très second ordre. Quant au troisième professeur, F. Bazin, il n'avait à son actif que le *Voyage en Chine*, sorte d'opérette incolore musicalement qui ne dut un succès passager qu'à la gaieté comique du livret. Très assidu aux classes, son enseignement se réduisait à écouter les travaux des élèves sans pouvoir leur donner la moindre directive, et à patauger terriblement quand il s'agissait d'établir une *réponse* de fugue; j'ai été personnellement, et à plusieurs reprises, témoin du fait.

On conçoit qu'instruits par de tels maîtres, les élèves de composition du Conservatoire, livrés à leurs propres forces et complètement dénués de l'enthousiasme créateur qui enfante les chefs-d'œuvre, aient été amenés, durant cette période de vingt-cinq années, à se contenter de suivre la trace de leurs aînés en éclectisme. Les mieux doués eux-mêmes, comme Delibes et Massenet, malgré leurs qualités de finesse et de langueur voluptueuse, ne firent accomplir aucun progrès à la musique dramatique, emboités qu'ils étaient dans la même ornière que leurs devanciers.

L'enseignement officiel étant incapable de s'assimiler les bienfaits de la réforme wagnérienne, il fallait un autre terrain pour recevoir la nouvelle semence et une autre ambiance pour que celle-ci puisse germer et porter des fruits.

Ce terrain fut la *Société Nationale de Musique;* cette ambiance fut celle des élèves de César Franck.

VI

La société nationale de musique
et l'école de César Franck.

EN l'année 1871, au lendemain de nos défaites, quelques musiciens français, parmi lesquels on rencontrait les noms de Romain Bussine, professeur au Conservatoire et premier promoteur du mouvement dont nous allons parler, Camille Saint-Saens, César Franck, Gabriel Fauré, Alexis de Castillon et Henri Duparc, s'avisèrent de fonder une association ayant pour but d'exécuter et de faire connaître les œuvres françaises dans lesquelles un Comité spécialement choisi par eux reconnaîtrait de véritables aspirations d'art et une sincère élévation de pensée.

Ce Comité, renouvelable annuellement, comprenait les noms des artistes cités plus haut, auxquels vinrent bientôt s'adjoindre ceux de Vincent d'Indy, Pierre de Breville, André Messager, Ernest Chausson, Camille Benoit et, un peu plus tard, ceux de J. Guy Ropartz, Emmanuel Chabrier, Claude Debussy, Paul Dukas, etc.

Ainsi fut tout d'abord constituée la *Société nationale de Musique*, ayant pour base une renaissance de notre musique nationale, laquelle tendait, nous l'avons vu, à s'abâtardir de plus en plus.

Mais comment et par quels moyens combattre cet abâtardissement ?

Le but avoué de la *Société nationale* étant l'exécution et la propagation des œuvres jugées dignes d'être entendues et appréciées, il ne pouvait, en aucune façon, être question d'art dramatique, de musique théâtrale. La Société, vivant uniquement des modestes cotisations de ses abonnés, ne pouvait songer à présenter à son public des œuvres scéniques ni à rivaliser avec des théâtres grassement subventionnés. Il lui fallait donc rester dans le domaine de la musique vocale et instrumentale.

Et aussitôt, dans ce dernier genre, la *Musique de chambre* apparut.

Fait étrange : depuis les premiers opéras de Lully, et en passant par les chefs-d'œuvre de Rameau et de Gluck pour aboutir à la triste décadence de l'école éclectico-judaïque, notre art musical français était resté exclusivement un art de théâtre. Le *concert* de voix ou d'instruments était excessivement rare et n'avait jamais donné naissance à quelque œuvre particulièrement intéressante, ni, à plus forte raison, à quelque forme d'un art purement instrumental.

Toute la musique de notre pays se concentrait alors dans l'opéra, et tandis qu'en Allemagne l'ensemble d'instruments est couramment employé sous forme de Suites, de Concerts, de Quatuors, de Quintettes et de Symphonies, c'est à peine si l'on rencontre chez nous quelque tentative de ce genre, tentative qui ne fonde rien et dont le pâle produit reste sans conséquence.

A part les légers *Trios en Concert* de Rameau, au commencement du XVIIIe siècle, les quelques quatuors de Gossec (1760), les 34 quintettes *interchangeables*[1] d'Onslow, musicien auvergnat, bien que d'origine anglaise, et les 36 quatuors du même, toutes pièces d'un très médiocre intérêt musical, on ne trouve, en France, aucun sérieux essai de musique pour plusieurs instruments concertants.

La fondation de la *Société Nationale*, en 1871, marqua donc une étape dans notre production française. L'avalanche des sonates pour deux instruments, des trios, des quatuors, etc., qui furent, dès les premiers concerts, soumis au choix du Comité, démontra qu'en dépit de son éducation séculaire par l'opéra, le français était devenu capable de sentir et d'exprimer ses sentiments au moyen de l'ensemble instrumental restreint que l'on nomme — d'après le terme allemand *Kammer Musik* — la musique de chambre.

Parmi les noms des membres du premier comité de la *Société Nationale de Musique* cités plus haut, il en est un qui, par sa géniale signification, dépasse de beaucoup les autres en importance, c'est celui d'un artiste dont la figure nous apparaît comme nimbée d'une auréole, ainsi que celle des saints dans les fresques du XVe siècle.

César Franck fut, en effet, vénéré par toute la jeunesse de cette époque, jeunesse avide de s'instruire en l'art difficile de la composition, et chez laquelle l'admirable enseignement du maître avait sû faire naître et cultiver les plus hautes facultés créatrices : enthousiasme vis-à-vis des œuvres de beauté et amour sincère et désintéressé de la musique.

1. Nous avons attribué aux quintettes d'Onslow l'épithète : « interchangeable » parce que l'auteur lui-même a indiqué que ces quintettes pouvaient être exécutés indifféremment soit par 2 violons, alto et 2 violoncelles, ou par 2 violons, 2 altos et un violoncelle, ou bien encore par 2 violons, alto, violoncelle et contrebasse, etc., ce qui ne témoigne pas chez cet auteur d'un bien sûr instinct artistique.

Mais que faire? Dans quelle voie trouver l'emploi de cet enthousiasme et le moyen de manifester celui-ci par des œuvres?

Les jeunes élèves de Franck méprisaient trop la carrière théâtrale de l'école éclectico-judaïque pour se lancer sur les traces de leurs aînés et de leurs rivaux du Conservatoire; nul d'entre eux — conscients qu'ils étaient d'avoir beaucoup à apprendre — n'aurait eu l'outrecuidante prétention de se poser en novateur et de capter l'attention des badauds (le type *snob* n'existait pas encore) par des gestes de baladin et des boniments de clown.

Les élèves de Franck avaient le respect de leur art.

Trop dégoûtés du théâtre « à la Meyerbeer », « à la Gounod » et même « à la Massenet », trop sincères pour oser s'attaquer encore à la haute symphonie, voici qu'ils voient s'ouvrir devant eux une belle et large route encore inexplorée par les musiciens de notre pays, et ils s'y précipitent avec toute la joie de leur jeunesse.

La musique de chambre française était née.

Mais, devant ce généreux mouvement, nous allons, tout d'abord, voir se dresser un obstacle.

Quelle langue employer pour que ces formes nouvelles arrivent à se manifester de façon à contribuer efficacement au progrès de l'art?

Le langage des grands génies classiques, que nos jeunes musiciens connaissent à fond et dont certaines formules leur paraissent périmées et hors d'usage, semble ne pouvoir convenir à l'expression de l'esprit nouveau dont nous venons de voir l'avènement.

D'autre part, la littérature musicale de l'opéra apparaît à nos musiciens — et avec raison — comme un galimatias ridicule dont un véritable artiste rougirait de se servir.

Il n'est donc pas étonnant que les trouvailles et les innovations de Richard Wagner dans l'art d'exprimer ses sentiments
par des sons, que ses combinaisons harmoniques toute nouvelles, que les audaces de son écriture, explicables cependant
parce qu'appuyées sur les principes traditionnels, il n'est pas
étonnant, dis-je, que cette constitution d'un langage sans
précédents et plein de ressources inédites ait séduit tout
d'abord un groupe de jeunes artistes inaugurant, en France,
un genre nouveau, groupe sincère et enthousiaste qui n'avait
son pareil chez aucune des autres nations de culture musicale.

VII

**Les innovations wagnériennes
dans le langage musical, la technique et l'écriture.**

EUX qui, de près ou de loin, se sont occupés de l'étude des formes, ont pu faire la remarque suivante : tout changement de style dans la musique d'une école ou d'une nation porte tout d'abord sur l'élément *harmonique*.

C'est par l'harmonie : emploi simultané de plusieurs voix chantant la même mélodie grégorienne ou s'adaptant étroitement à cette mélodie, que l'art polyphonique remplaça, au XIVe siècle, la cantilène monodique dont le règne avait cependant duré dix fois cent ans....

Si Rameau et Gluck subirent de virulentes attaques de la part de leurs contemporains, ce fut en raison de la prétendue audace de leurs combinaisons harmoniques..., Rameau même amplifiant le système chromatique des auteurs du XVIe siècle — avait osé écrire certains passages *enharmoniques*, qui furent déclarés inexécutables par les musiciens de l'Académie de Musique... et ne furent point exécutés alors.

C'est, enfin, par une compréhension plus large de l'écriture en parties mélodiques simultanées que Bach (Clavecin bien tempéré), Beethoven (op. 57), et Wagner lui-même, inaugurèrent chacun un nouveau style qui devait entraîner fatalement une modification dans les deux autres éléments musicaux : mélodie et rythme.

En quoi consistent donc ces nouveautés harmoniques dont notre école de musique de chambre s'empara avidement dès ses premières rencontres avec Wagner, avant même d'avoir senti et compris la signification de son œuvre?

D'abord : l'intervention systématique du *chromatisme*, venant en aide à la pauvreté courante de l'harmonie de l'époque :

En second lieu : les modulations transitoires éloignées, s'adaptant à une période simple :

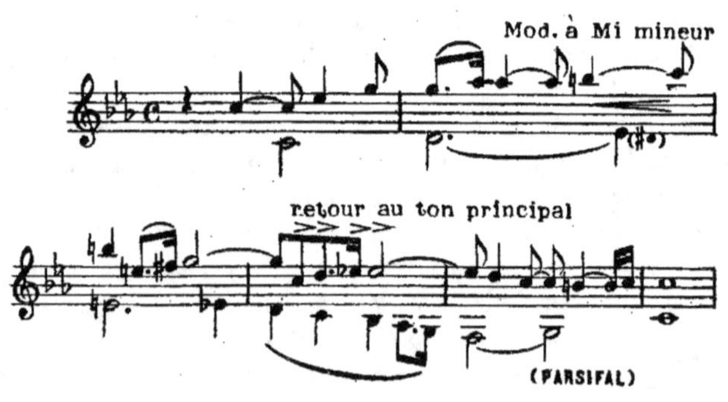

Enfin : l'altération des fonctions tonales :

A cette dernière disposition se rattache un procédé très fréquent dans le style wagnérien : la rupture de la cadence.

Alors qu'une voix ou un instrument termine sa formule de cadence sur la « bonne note », celle-ci est comme cueillie par le passage d'une nouvelle vague harmonique, qui, sans nous laisser le temps de goûter la terminaison de la mélodie, nous emmène aussitôt vers d'autres régions. Cette interprétation de l'antique *cadence rompue* — dont on rencontre déjà des exemples chez les anciens maîtres du Contrepoint vocal (Josquin Deprès, Vittoria, etc.) — est presque de règle dans l'œuvre de Wagner.

Deux autres particularités, d'une portée plus haute que les perfectionnements techniques dont il vient d'être parlé, marquaient le sceau de Wagner et tendaient à exercer une salutaire influence sur l'esprit des musiciens sincères; c'est d'abord le choix et la noblesse des idées musicales employées, ainsi que la personnalité des thèmes ou fragments de thèmes chargés d'expliquer les sentiments des personnages et de soutenir l'équilibre de la construction.

Les fabriquants d'opéras et d'opéras comiques du XIXe siècle ne se préoccupaient que de l'*effet* à obtenir sur le public au moyen de phrases presque toujours banales, à l'aide desquelles le chanteur, à chaque fin de période, cueillait sans peine les applaudissements quasi instinctifs de l'auditoire. Un opéra était donc, en somme, une suite ininterrompue de *romances* toutes bâties de la même manière, toutes aussi *a-mélodiques* qu'*a-rythmiques*, où la vulgarité de la pensée le disputait à la pauvreté de la forme.

Dans un ouvrage dont le succès fut immense, que l'on joue encore en province et même parfois à l'Académie de musique, je veux parler de la *Favorite* de Donizetti, *tous* les airs s'adaptent à un gabarit unique dont le rythme reste toujours pareil sans aucune raison.

Qu'on en juge :

Air du Roi.

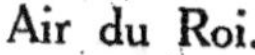

Air de Leonore.

Air de Fernand.

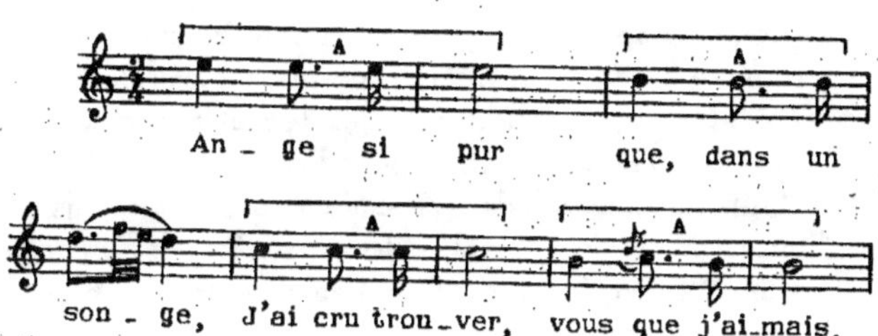

Est-il possible d'imaginer que de pareilles banalités aient
jamais pû être considérées comme de la musique?... Et, chose
curieuse, sur le premier feuillet de cet ouvrage, au-dessous des
noms, alors fameux, de Scribe, Alphonse Royer, de Waez et
Donizetti qui s'étalent en grosses lettres, on peut lire, en caractères moins voyants, la mention : « Partition piano et chant,
arrangée (!) par Richard Wagner »; témoignage irréfutable des
tristes besognes que l'auteur de *Parsifal* avait été réduit à
accepter pour vivre, lors de son malheureux séjour à Paris, en 1841.

Au contraire des compositeurs en vogue dans l'Europe entière, Wagner s'attachait avant tout, à trouver des thèmes — au moins pour ceux qu'il érige en conducteurs de l'œuvre — dignes de leur mission et construits de telle manière qu'ils captent immédiatement la faculté assimilatrice de l'auditeur et se gravent dans la mémoire de celui-ci, par l'effet du rythme choisi ou du charme mélodique d'où émane toujours une puissante expression.

Qui pourrait oublier le rythme et le dessin du motif musical :

dès sa première apparition, au premier acte de *Parsifal?*

La seconde particularité de la conception musicale wagnérienne, c'est l'usage méthodique des tonalités significatives érigé en moyen de construction pour l'œuvre.

Déjà entrevu par Gluck dans *Alceste* et dans *Armide*, puis utilisé d'une façon suivie par Weber dans *Freischütz* et *Euryanthe*, ce moyen, Wagner le reprit définitivement comme base de l'architecture de ses drames, et, ainsi appuyé sur une force traditionnelle, il sut pousser ce principe jusqu'à sa plus parfaite application.

En effet, au cours de la production de la troisième époque wagnérienne, on voit apparaître des thèmes qui, représentant un état de choses immuable, gardent, pendant toute la durée de l'œuvre, la même situation tonale, et, conséquemment, *ne modulent jamais.* On rencontre également certaines tonalités que l'auteur a entendu affecter *exclusivement* à l'expression d'un sentiment spécial, et qui, n'ayant pas d'autre but, ne sont jamais employées autrement, au courant des trois actes. Constatez, par exemple, dans *Parsifal*, que l'idée de *sainteté* n'apparaît que dans le ton de *la bémol majeur*, tandis que le ton de *ré mineur* reste réservé à l'idée de *mort*. « Mais, pourrait-on m'objecter, le public est incapable de s'apercevoir de pareilles subtilités.... » — D'accord, et c'est un bien qu'il en soit ainsi, car, sans s'en apercevoir, le public de bonne volonté ne laisse pas que d'en subir inconsciemment l'influence; la dépression physique, que j'ai souvent constatée chez des auditeurs non prévenus écoutant l'admirable scène où Amfortas appelle la mort comme dernier remède à ses souffrances, provient, sans doute possible, des chutes successives vers le terrible abîme où la tonalité de *ré mineur* a établi son repaire.

J'ai dit, plus haut, que les innovations dans la langue et dans l'écriture musicale particulièrement attribuables à R. Wagner, avaient touché l'esprit de nos jeunes musiciens, déjà instruits en leur art par César Franck, mais les effets — purement techniques — de cette influence, ne se firent sentir qu'assez tardivement et bien après la mémorable chute de *Tannhäuser* à l'Opéra, en 1861.

Il eût été fort possible que nos musiciens français, ne voyant, en l'auteur de *Lohengrin*, qu'un *harmoniste* à la recherche de combinaisons nouvelles, admirables suivant les uns, odieuses pour d'autres, se fussent vite lassés de marcher sur les traces de cet original qui « faisait ses *livrets* lui-même! » Dans ce cas, nous nous trouvions condamnés à trente ans d'opéra meyerbérien forcé... si ce n'est plus, et il est probable que le généreux mouvement créateur de la musique de chambre française n'eût pas eu lieu ou n'eût pas abouti.

Par bonheur, au cours de ses deux séjours en France, Wagner se trouva entouré d'esprits sympathiques et enthousiastes, non musiciens, ceux-ci, mais poètes, écrivains, critiques de valeur, personnalités dans tous les arts, qui — au contraire des musiciens — ne prêtaient aux combinaisons de sons qu'une oreille distraite, mais embouchaient toutes les trompettes de la renommée pour célébrer la venue de ce messie dont la mission, proclamée par eux et par lui-même, visait à renouveler de fond en comble l'art théâtral et, par de nouvelles idées, à lui créer une nouvelle vie.

Ce qui donnait de la force à ce mouvement, c'est que ces fervents enthousiastes n'étaient pas des moindres parmi nos littérateurs et nos poètes.

Dès 1859, on rencontre, aux réceptions intimes du petit hôtel de la rue Newton, outre les deux premiers amis de 1841 : Edmond Roche et Frédéric Villot, auquel fut dédiée la traduction des : *Quatre poèmes d'opéras*, des écrivains déjà connus, comme Baudelaire et Champfleuri, des critiques comme Léon Leroy et Gasperini, des avocats célèbres comme Émile Ollivier qui venait d'épouser une fille de Liszt, puis Théophile Gautier lui-même, l'apôtre du romantisme, converti par une audition de *Tannhauser* à Wiesbaden, mais prouvant, par ses dithyrambes *à côté* qu'il n'y avait vraiment rien compris... et enfin Gérard de Nerval, qui, ayant assisté à la première représentation de *Lohengrin*, à Weimar, en 1849, écrivit, à cette occasion, le premier article sur Wagner qui ait paru dans la presse parisienne.

Voici, au surplus, la terminaison de cet intéressant document :

« La musique de cet opéra est très remarquable et sera de plus en plus appréciée. C'est un talent original et hardi qui se révèle à l'Allemagne et qui n'a dit encore que ses premiers mots. On a reproché à M. Wagner d'avoir, comme disait Grétry, mis le piédestal sur la scène et la statue dans l'orchestre, mais cela

tient, sans doute, au caractère de son poème qui imprime à l'ouvrage la forme d'un drame lyrique plutôt que celle d'un opéra. »

A la suite de ces gens marquants, se pressait un petit bataillon
de peintres, sculpteurs, architectes, artistes de second ordre
mais qui n'en criaient pas moins fort....

Fait assez curieux à constater : de même, qu'en 1871, les
musiciens s'attachèrent à étudier la présentation technique
de l'œuvre sans pénétrer encore le sens élevé de la pensée
wagnérienne, de même, dix ans plus tôt, les poètes et littérateurs ne voyaient, dans les chefs-d'œuvre de Wagner, que des
traités de symbolique transcendante où la musique ne jouait
guère qu'un rôle d'accompagnatrice.

Quoi qu'il en soit, la jonction se fit bientôt; le but de la
réforme wagnérienne : union intime du poème, de la musique,
du geste et du décor, apparut clairement aux yeux de tous, et
si, en certains passages où Wagner s'étalait parfois avec trop
de complaisance, les musiciens incriminaient le poème et ses
raisonnements philosophiques, si les littérateurs, au contraire,
accusaient le compositeur d'exagération quant aux développements musicaux, tous s'accordaient néanmoins pour aimer
d'un grand amour et pour défendre, par tous les moyens, cet
art nouveau qu'ils sentaient apporter dans leurs veines un
sang régénérateur et dans leurs âmes un magnifique élan vers
la Beauté.

Ce fut alors — de 1872 à 1880 — la belle époque des ardents
enthousiasmes et des mobilisations de combat où nous allions,
en force, défendre, aux concerts Pasdeloup, le Prélude de
Lohengrin, celui de *Tristan*, voire (pour le principe!) l'insi-
gnifiante ouverture de *Rienzi*....

VIII

Après Baireuth.

PRÈS la première représentation du *Ring des Nibelungen*, à Baireuth (1876), l'idolâtrie envers Wagner ne connut plus de bornes; il était bien la divinité du sonnet de Mallarmé :

Le dieu Richard Wagner, irradiant un sacre
Mal tû par l'encre même, sanglots en sibyllins.

On entendait des wagnériens de la dixième ou onzième heure affirmer doctrinalement que chaque *mesure*... que dis-je ?... que chaque *note* écrite par Wagner est égale en beauté à toutes les autres. Les mêmes haussaient les épaules avec mépris lorsqu'un de leurs anciens en wagnérisme osait émettre cette opinion que la marche de *Tannhauser* n'avait tout de même pas la même valeur que la scène finale du *Crépuscule des dieux*.

Le pèlerinage à Baireuth était devenu une mode.

Alors qu'à la première représentation de 1876, nous étions tout juste *six* français, y compris un négociant de Montbéliard qui avait obtenu la faveur de tenir, à l'orchestre, une partie de violoncelle, *Parsifal* réunit sur la « colline sacrée » tout ce qu'on pouvait compter d'éléments « selects » (on dira, plus tard, *snobs*), entre Lille et Marseille et entre Nancy et Landerneau, en passant naturellement par Paris. Les musiciens français déjà classés ne négligeaient pas d'y faire une apparition; Massenet y vint... et ne dit rien.... Delibes, questionné, nous avoua qu'il raffolait du deuxième acte « parce qu'il y avait des petites femmes, et que, les petites femmes, c'est toujours amusant... ».

Ainsi l'auteur de *L'Omelette à la follembuche* traitait-il les *Blümen-Mädchen*.

Cet état d'engouement forcené et irréfléchi pour l'art et surtout l'esprit wagnériens dura une bonne dizaine d'années. Puis cela se calma, s'équilibra, et l'on peut dire que vers 1888 tous savaient estimer les œuvres du géant à leur juste valeur.

Mais si ces œuvres, découpées en petits morceaux, avaient pris place aux programmes des grands concerts, les portes des grands théâtres parisiens leurs restaient cependant fermées, soit que les directeurs fussent effrayés des frais à risquer pour un succès problématique, soit en raison du travail d'obstruction entrepris par certains musiciens plus ou moins officiels pour saper une formidable concurrence.

Cela, Wagner le savait bien.

Dès 1880, au cours de l'unique entrevue où j'eus l'honneur de causer avec lui en tête à tête, comme je lui affirmais qu'un grand nombre de français aimaient et comprenaient son art, il me fit cette réponse qui est restée textuellement dans ma mémoire : « Oh! les Français me comprendraient très bien, mais ce sont les *juifs allemands* qui empêchent ma musique de se propager dans votre pays! »

Cependant, ce que Pasdeloup, puissamment aidé par Léon Leroy, avait entrepris, sans succès, pour *Rienzi*, en 1869, Lamoureux le tenta, dix-huit ans plus tard, en offrant, à un public de souscripteurs, des représentations de *Lohengrin* montées avec une perfection qu'on ne pourrait rencontrer aujourd'hui sur aucun théâtre.

On sait le résultat : des influences occultes poussant à l'exagération un incident de frontières ; une manifestation de blancs marmitons, dûment appointés, aux portes de l'Eden-théâtre ; une police hésitante ; un gouvernement tremblant au souvenir d'Agadir..., tout fut employé pour obliger Lamoureux à renoncer à son projet et à se contenter d'une unique représentation donnée devant des invités privilégiés.

La première de *Lohengrin* n'eut pas de lendemain... alors.

Mais, dès l'année suivante, la force des choses obligea l'Opéra à ouvrir ses portes au répertoire wagnérien.

Celui-ci y passa tout entier.... Mais Lamoureux n'était plus là pour imprimer à ces exécutions le cachet de la foi qui caractérisait son âme d'artiste et pour opposer son inflexible volonté aux velléités de « tripatouillages » qui hantent toujours l'esprit des directeurs de théâtre.

Aucune scène parisienne ne possède l'ambiance artistique nécessaire à une représentation suffisante des chefs-d'œuvre wagnériens ; évidemment, toutes les notes sont à leur place et les nuances à peu près respectées, mais nos traditions théâtrales ne comportent point cet enthousiasme quasi religieux qui revêt l'interprète : chef d'orchestre, chanteur, choriste, voire machiniste et électricien, d'un caractère sacré à ce point qu'il en arrive lui-même à se considérer comme un prêtre de l'art, chargé de la sainte mission d'en célébrer les mystères.

Cela, nous ne l'avons vu qu'à Baireuth, alors que Wagner communiquait personnellement à ses exécutants le souffle de son génie, et aussi à Munich, alors que les grands pontifes du culte wagnérien, comme Hans Richter ou Hermann Lévi tenaient le bâton de direction.

8

IX

L'influence bienfaisante.

EPRENONS maintenant où nous l'avons laissé l'historique de la pénétration wagnérienne dans notre art français.

Non seulement nos musiciens avaient adopté, nous l'avons dit, le nouveau langage harmonique inauguré par l'auteur de *Tristan*, mais nos littérateurs, nos peintres, nos sculpteurs semblaient s'être entendus pour exalter dans leurs œuvres les idées nouvelles introduites dans la musique par les écrits de R. Wagner. En quelques années, la compréhension totale de ces idées avait transformé tous nos artistes et orienté leur esprit vers un idéal élevé dont la recherche favorisa l'éclosion de belles et nobles œuvres.

Cette influence — contrairement à ce qu'en ont dit certains impuissants, incapables d'en profiter — fut éminemment bienfaisante pour le groupe de producteurs qu'on pourrait appeler : la génération d'*entre deux guerres*, car c'est cette influence qui déblaya la route devant la jeune musique de chambre française, c'est cette influence qui, non contente d'agir sur la matière harmonique et sur le langage musical, suggéra à nos compositeurs d'aller recueillir, dans l'œuvre beethovénien, toutes les tentatives nouvelles amorcées par l'auteur de la *Messe en ré*, tentatives dont Wagner avait largement profité dans sa conception du drame musical; c'est grâce à cette influence, enfin, que la jeune phalange de nos écrivains de musique de chambre osa s'élever jusqu'aux sommets de la symphonie avec ou sans titre : Symphonie pure ou Poème symphonique.

Ce que l'on a nommé la *forme cyclique*, laquelle consiste à faire, d'un thème *bien choisi*, l'aliment de tous les morceaux qui forment l'ensemble d'une œuvre, avait déjà été tentée en Allemagne. Liszt, en 1849, Schumann, en 1850, avaient usé de ce procédé sans beaucoup d'adresse, et avaient même été devancés, en 1841, dans cette voie par un jeune homme de dix-neuf ans : César Auguste Franck, qui devait, trente ans plus tard, devenir le chef incontesté de notre école française[1].

C'est par l'étude approfondie et réconfortante des partitions de Wagner que nos musiciens, pourvus au préalable d'une éducation solide basée sur la connaissance des traditions classiques, évitèrent le piège tendu sous leurs pas par la *commercialisation* de leur art, et, concentrant leurs efforts dans un but commun, parvinrent à maintenir très haut, pendant près de quarante ans, la production symphonique de notre pays.

Et — pour citer d'abord les pièces importantes de musique de chambre, où notre goût français de la proportion et de l'équilibre sut tempérer les outrances de l'esprit wagnérien,

---

1. Il ne faut pas oublier que, bien que belge de naissance, Franck fut naturalisé français en même temps que son père, en 1836 (il avait alors quatorze ans), et que sa vie entière se passa en France, dans cette patrie qu'il aimait passionnément : il en donna des preuves en 1870.

tout en usant et profitant avec discernement des nouveaux procédés et des découvertes du géant de Baireuth — voici le Quintette, la Sonate pour violon et l'admirable Quatuor pour cordes de César Franck, réels chefs-d'œuvre, puis le Quintette, le deuxième Trio, le Quatuor et la superbe et si expressive Sonate pour violon d'Alexis de Castillon, les deux Quatuors de G. Fauré, les Sonates, le Trio avec clarinette, le Sextuor et les trois Quatuors pour cordes de Vincent d'Indy, le concert en sextuor d'Ernest Chausson et surtout son Quatuor avec piano où l'on ne sait ce qu'on doit le plus admirer, de la richesse de l'écriture ou de la générosité de la matière musicale, le Trio et les Quatuors de Ropartz, les Sonates d'Albéric Magnard, les Sonates pour violon de Pierre de Breville, et tant d'autres.

A cette floraison de musique de chambre éclose dans notre pays par le bienfait de la « connaissance wagnérienne », il convient d'ajouter une liste de compositions pour orchestre : Symphonies pures (une vingtaine environ) et Poèmes symphoniques, nées presque toutes dans le dernier quart du XIXe siècle, au moment où nos compositeurs, enhardis par leur confiance en ce mouvement d'art, qu'ils avaient inauguré en plein enthousiasme wagnérien, osèrent gravir ce qu'ils considéraient comme les sommets de la création musicale.

Voici une liste sommaire des principales œuvres écrites en cet ordre d'idées :

CÉSAR FRANCK, *Symphonie* en *ré* mineur, *Psyché*, *Les Eolides*, poèmes symphoniques.
ÉDOUARD LALO, *Symphonie* en *sol* mineur.
SAINT-SAËNS, *Symphonie* en *ut* mineur, *Phaëton*, *Le Rouet d'Omphale*, poèmes symphoniques.
HENRI DUPARC, *Léonore*, poème symphonique.
CAMILLE BENOIT, *Symphonie* légendaire, *Eleison* (avec chœurs).
VINCENT D'INDY, 3 *Symphonies* (1re sur un Chant montagnard français, 2e : en si bémol mineur, 3e ; de *Bello Gallico*).

Wallenstein, trilogie d'après Schiller, *La forêt enchantée*, *Saugefleurie*, *Istar* (variations symphoniques), *Jour d'été à la montagne*, en trois parties, *Poème des rivages*, en quatre parties, *Dyptique méditerranéen*.

ERNEST CHAUSSON, *Symphonie* en si bémol majeur, *Viviane*, *Soir de fête*, poèmes symphoniques.

J. GUY ROPARTZ, 3 *Symphonies*.

G. M. WITKOWSKI, 2 *Symphonies*.

ALBERIC MAGNARD, 3 *Symphonies*.

PAUL DUKAS, *Symphonie* en ut majeur, *L'Apprenti sorcier*, poème symphonique.

Parmi les œuvres que nous venons d'énumérer, toutes œuvres de valeur, aucune ne peut raisonnablement être taxée de pastiche wagnérien, mais il n'en est pas qui n'ait subi, par quelque point, l'influence de l'auteur de *Tristan*.

Toutefois, ce n'est plus seulement du côté technique — (recherche d'harmonies nouvelles, liberté plus grande dans l'écriture, emploi judicieusement coordonné des tonalités conductrices et des thèmes cycliques, etc.), — que cette influence se manifeste, l'esprit de Wagner a soufflé sur nos musiciens, et les voilà qui s'efforcent vers un idéal dramatique plus élevé que le but visé par la plupart de leurs prédécesseurs et de leurs contemporains.

Parmi ceux-ci, on rencontre un certain nombre de compositeurs qui, ayant connu et subi superficiellement l'idée wagnérienne, écrivirent des œuvres représentées avec un certain succès sur nos scènes lyriques; dans cette catégorie, on peut placer Ed. Lalo (*Le Roi d'Ys*), C. Saint-Saens (*Samson*, *Henry VIII*), Léo Delibes (*Lakmé*), G. Bizet (*Carmen*), enfin, J. Massenet (*Manon*, *Esclarmonde*, *Thaïs*, etc.), mais ces musiciens — à part, peut-être, Bizet — ne surent pas se dégager complètement des erreurs établies par l'école judaïque et restèrent conséquemment incapables d'ouvrir aucune voie nouvelle à leur art.

Tout autre fut la contribution efficacement apportée à cet art par ceux d'entre nos musiciens qui suivirent franchement l'impulsion wagnérienne, ceux qui s'imprégnant des découvertes de l'auteur de *Parsifal*, tout en sachant s'affranchir d'une trop étroite tutelle, gardèrent du théâtre wagnérien tout ce qui pouvait aider au développement de leurs qualités *françaises*, en éliminant peu à peu et, pour ainsi dire, inconsciemment, les lourdeurs de l'esprit germain; de sorte que, tandis qu'en Allemagne, les musiciens dramatiques se traînaient péniblement et sans résultat appréciable sur les traces de leur homme de génie, tandis que les italiens se laissaient enivrer tout aussi inutilement par les vapeurs délétères de leur stérile *verismo*, en France — mais en France seulement — s'accomplissait, dans l'ordre du drame musical, une véritable évolution, de la nature de celles qui ont caractérisé, de tous temps, les périodes d'essor vers le progrès.

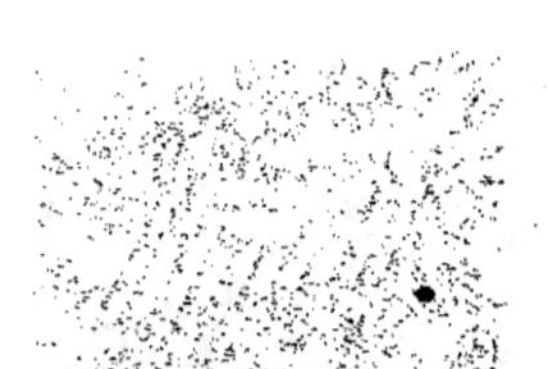

X

**Trente années de progrès
dû à l'essor wagnérien en France.**

E fut bien, en effet, un merveilleux progrès dans la voie ouverte vers la Beauté que nous offrent les quinze dernières années du XIXe siècle français, complétées par les quinze premières du XXe. Non seulement Wagner nous avait fourni tout un ensemble de formes nouvelles et avait ainsi contribué à la multiplication de nos moyens expressifs, mais il avait élevé nos esprits de telle façon que les compositeurs français de cette époque, délaissant l'arsenal usé du vieil opéra, s'appliquèrent à trouver des sujets de drame dignes de la mission éducatrice vers laquelle tout noble artiste doit concentrer ses efforts.

Comme Wagner, presque tous ces compositeurs édifièrent et écrivirent eux-mêmes leurs poèmes, et ce fut peut-être la seule ressemblance palpable qu'ils eurent avec celui que le vulgaire désignait comme leur modèle.

Cet incontestable progrès, dû, il faut le répéter, à l'influence wagnérienne sans présenter aucune servile imitation, mais accusant au contraire la force et la vitalité de l'esprit français, se manifesta par des œuvres presque toutes de valeur, et toutes,

9

à coup sûr, orientées vers un lumineux idéal de Beauté et d'Amour.

Qu'on me permette d'établir ici la liste des ouvrages dramatiques les plus importants parmi ceux qui se produisirent au cours de ces trente années, et dans les conditions que nous venons d'examiner [1] :

		Dates de composition	1re représentation.
ERNEST REYER	Sigurd	1870-1872	Bruxelles, 1884
EMMANUEL CHABRIER	Gwendoline	1883-1885	Bruxelles, 1886
ALFRED BRUNEAU	Le Rêve	1888	Opéra-comique, 1890
ALBÉRIC MAGNARD	* Yolande	1890	Bruxelles, 1893
	* Bérénice	1904	Opéra-comique, 1911
	* Guercœur	1900	inédit
VINCENT D'INDY	* Fervaal	1892-1896	Bruxelles, 1897
	* L'Étranger	1897-1900	Bruxelles, 1903
	* Le Chant de la Cloche	1879-1883	Bruxelles, 1913
	* La Légende de St Christophe	1911-1915	Opéra, 1920
GUSTAVE CHARPENTIER	* Louise	1893	Opéra-comique, 1900
ERNEST CHAUSSON	* Le roi Arthus	1890-1899	Bruxelles, 1903
PAUL DUKAS	Ariane et Barbe-bleue	1906	Opéra-comique, 1907
PIERRE DE BREVILLE	Eros vainqueur	1908	Bruxelles, 1910
GUY ROPARTZ	Le Pays	1910	Opéra-comique, 1913
CLAUDE DEBUSSY	Pelléas et Mélisande	1890-1893	Opéra-comique, 1895

Si, donnant une légère entorse à l'ordre chronologique, j'ai gardé pour la fin de cette liste l'œuvre théâtrale — unique, on peut le dire — de Debussy, c'est que je la considère comme le réel aboutissement de cette période où, sur l'impulsion de Wagner, l'art français s'élança, en un noble mouvement d'enthousiasme, dans la voie du progrès.

Je vais donc demander maintenant à la bienveillance de mes lecteurs de vouloir bien me suivre dans une petite excur-

1. Les œuvres marquées du signe * sont celles dont l'auteur écrivit le poème et la musique.

sion à travers les œuvres précitées, à cette fin de constater de plus près que tout le travail de ces trente années, provenant, sans dénégation possible, de l'influence wagnérienne, contribua à une affirmation de nos qualités françaises : ordre, logique, sens des proportions, plus élevée qu'elle n'avait jamais été dans l'histoire de notre musique dramatique.

Nous rencontrons dans *Sigurd*, la première en date de ces partitions, quelques traces de « l'art nouveau » émergeant, sans beaucoup d'adresse, des ornières creusées par l'école judaïque.

Il ne faut pas perdre de vue que Reyer composa la majeure partie de cet ouvrage en 1870, époque où les musiciens les plus avancés ne connaissaient qu'à peine *Lohengrin*..., et, chose curieuse, le poème de *Sigurd* n'est autre chose qu'une adaptation *alla francese* de divers épisodes de l'Edda dont Wagner avait tiré son *Siegfried* et son *Crépuscule des dieux*.

Dans aucune des biographies de Reyer on ne trouve d'explication quant au choix de ce poème, mais il semble très certain que l'auteur de *Maître-Wolfram* (dont le héros présente certaines analogies avec le Hans Sachs wagnérien) ignorait le travail entrepris par Wagner sur la légende de *Siegfried*, car les compositeurs de l'époque meyerbeerienne se préoccupaient assez peu des productions de leurs contemporains.

Dans ces conditions, on ne peut qu'assez difficilement concevoir comment et par quelle raison Reyer a été amené à se servir, dans cette pièce, de *motifs conducteurs*, qui, pour ne sembler qu'un balbutiement auprès de ceux de l'auteur de *Parsifal*, n'en constituent pas moins le fonds de plusieurs scènes, celle, notamment de l'incantation des fleurs, au quatrième acte, qui est une des plus expressives de l'ouvrage. Il faut, malgré cela, reconnaître que, chez Reyer, le *Leitmotiv* est loin de posséder la malléabilité du thème wagnérien, il reste presque constamment à l'état de citation sans changement et de matière au développement symphonique, sans prétendre jouer un rôle quelconque dans la marche du drame.

On ne peut cependant se défendre d'une réelle émotion devant l'insistance du dessin :

qui s'épanouit, par la suite, en une très pure mélodie.

Tout autre fut l'emprise de l'esprit wagnérien sur Emmanuel Chabrier.

Caractère éminemment primesautier et d'une originalité confinant à la bizarrerie, fécond en bons mots et en saillies instinctives dont il riait le premier, comment supposer que ce fils de l'Auvergne, doublé d'un gamin de Paris, pût être accessible à un art aussi sérieux que celui du philosophe qui écrivit : *Staat und Religion*?... Mais Chabrier avait le cœur d'un enfant qui se laisse prendre sans résistance par la moindre émotion... et, lorsque Chabrier était ému, il fallait « que ça sorte », n'importe où et n'importe comment[1].

L'émotion et la tendresse étaient tout dans sa vie, aussi ne doit-on point s'étonner s'il fut, dès l'abord, conquis par la détresse de Tristan, par le récit de la Walkyrie portant à Siegmund l'annonce de sa mort, comme aussi par le charme d'Eva et la majesté de Parsifal restituant au Graal la Sainte Lance,

---

1. Est-il besoin de rappeler ici une anecdote assez connue ?
Chabrier, assistant pour la première fois à une représentation de *Tristan*, à l'Opéra de Munich, et éclatant en sanglots avant même que résonnât la première note du Prélude. A ses amis, le croyant malade, il ne put que répondre : « Oh !... ce *la à vide* !... « Voilà quinze ans que je l'attends !... »

De là, la collaboration avec Catulle Mendès, wagnérisant d'ancienne date, qui fournit à Chabrier un poème... plus *libretto* que poème... dont celui-ci arriva, non sans peine, à écrire la partie musicale.

La partition de *Gwendoline* se nourrit évidemment de la substance wagnérienne, mais plus, cependant, en apparence qu'en réalité; Chabrier y emploie tous les moyens de la nouvelle technique (y compris le *leitmotiv*, cela va sans dire), il renchérit encore dans l'ordre harmonique par de curieux essais d'extension des accords de dominante qui peut avoir eu son influence sur l'actuel dévergondage de la polyphonie, mais, bien que ses mélodies soient chaudes et nerveuses et ses rythmes presque toujours ingénieusement contrariés, il ne laisse pas de tempérer son inclination vers l'art de Wagner par une préoccupation constante de la période régulièrement constituée suivant la manière judaïque; parfois même, il dépasse la mesure en s'engageant imprudemment sur les pentes de la trivialité. Il chante, il chante sans cesse, et, chez lui, le *récit*, même le plus indifférent au drame, que d'autres traiteraient sur une répétition du même son, reste toujours mélodique et expressif.

Tel, le charmant bavardage des jeunes filles, au début de la scène II du premier acte :

Ceci est du plus pur Chabrier, tandis que le thème de la scène finale :

qui voudrait être une explosion d'enthousiasme, se rattache vraiment de trop près au style meyerbeerien de la mauvaise époque.

Avec *Le Rêve*, d'Alfred Bruneau, nous nous retrouverions en face d'un ouvrage de travail tout wagnérien si l'on ne considérait que l'emploi des thèmes-conducteurs. Il nous semble toutefois que le musicien ne se soit pas montré toujours assez difficile sur le choix de ceux de ces thèmes qui ont pour mission d'expliquer musicalement le caractère tout empreint de mysticisme de la jeune Angélique; mais, en dépit de ce léger défaut, cette partition n'en reste pas moins un remarquable monument de l'adaptation au drame français des découvertes allemandes.

L'âme d'Albéric Magnard — qui mourut, on le sait, lâchement et ignoblement assassiné par les envahisseurs de 1914 — possédait toutes les qualités de l'âme germaine. Lui et Chausson furent, parmi les compositeurs de cette époque, ceux dont la pensée se rapproche le plus de celle de Wagner réformateur du drame musical.

Dans *Yolande* (un petit chef-d'œuvre inconnu) et, plus tard, dans *Guercœur* et dans *Bérénice*, Magnard s'attacha à créer autour du thème choisi, une atmosphère harmonique, qui, tout en rendant ce thème assez difficile à exprimer vocalement, l'empreint d'un caractère particulier et toujours reconnaissable.

Le compositeur eut pu, sans peine, se livrer, de ce fait, à des développements longs et détaillés, mais le tempérament très français de Magnard vint, toujours à point, refréner les tendances trop allemandes de son esprit. Son jugement est sûr et il sait se juger lui-même. Il fut l'un des musiciens les mieux pondérés de cette marche vers le progrès, et serait peut-être monté très haut si l'inutile barbarie de quelques soudards teutons n'était venue trancher le cours de cette belle vie d'artiste.

Bien qu'il me soit éminemment désagréable de parler de moi, je tiens cependant à faire remarquer ceci, que, tout en laissant tempérer par la force de l'esprit latin, l'application franchement adoptée des trouvailles wagnériennes, j'ai été je crois, l'un des premiers à traiter le *leitmotiv* ainsi que l'architecture tonale des scènes d'une façon tout à fait rationnelle; je pense aussi pouvoir m'attribuer le premier essai d'introduction, dans le drame, de la monodie grégorienne qui vient y apporter un élément jusqu'alors non employé par les musiciens de théâtre; je me suis enfin attaché — et cela, depuis le *Chant de la Cloche*, la plus vraiment wagnérienne de mes œuvres dramatiques — à confier, autant que possible, les expositions essentielles des thèmes, à la voix plutôt qu'aux instruments, réservant à ceux-ci le développement symphonique de ces thèmes.

Et je crois, en tout cela, avoir rempli ma mission d'artiste français, sans avoir ni plagié l'art wagnérien, ni mésusé des moyens fournis par cet art.

Au surplus, laissant de côté le *Chant de la Cloche*, qui n'était pas, primitivement, destiné à la représentation théâtrale, voici les quelques *thèmes-matériaux* à l'aide desquels est construit *Fervaal*, mon premier ouvrage dramatique :

I. Héroïsme masculin :

II. Charme féminin :

III. Amour passionné :

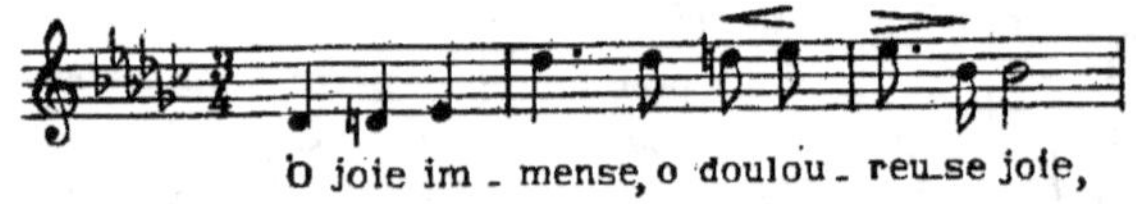

IV. Chant montagnard :

V. La souffrance :

VI. « Aimez-vous les uns les autres ».

Tous ces thèmes (une douzaine environ), plus quelques autres, épisodiques et accessoires, expriment, non des personnages ou des objets, mais seulement des états d'être qui se modifient musicalement au fur et à mesure que ces modifications peuvent être exigées par la marche du drame.

Mes autres ouvrages : *L'Etranger*, en deux actes, et *La Légende de Saint-Christophe*, drame sacré en trois actes et un prologue, sont conçus et écrits de la même manière et je ne juge pas utile d'en parler plus longuement.

Avec Louise, la seule œuvre dramatique de Gustave Charpentier, œuvre qui obtint, sur toutes les scènes de l'Europe, le plus légitime succès, nous nous retrouvons en pleine ambiance wagnérienne. Un certain nombre des motifs musicaux employés peut, au premier abord, sembler provenir de Paris et former comme une anthologie des anciens cris de la rue, actuellement désuets, mais leur mise en œuvre se rapproche indubitablement de Nuremberg et de ses *Maîtres*, ce que je me garderai de blâmer.

Il y a cependant, dans cette partition, certaines erreurs qui n'ont aucunement pour cause l'influence wagnérienne, mais ne sont pas sans nuire à la tenue générale de l'ouvrage.

Et d'abord, le peu de discernement dont l'auteur fait preuve dans le choix de ses *thèmes-soutiens* : l'arpège vulgaire et sans intérêt par lequel il veut personnifier le triomphe de l'amour :

le jeu de mots musical qui, dans l'intention du compositeur, semble doter d'une signification générale : le plaisir, un cri des rues de Paris encore assez répandu au siècle dernier :

et tant d'autres défauts du même genre dans l'appréciation de la valeur intrinsèque d'un thème, défauts qui témoignent d'un sens critique quelque peu erroné. Il y a aussi, dans *Louise* comme dans *Le Rêve* (le cortège de la procession), des passages entiers que l'on pourrait qualifier de *tableaux photographiques*, car ces tableaux ne sont que l'exacte reproduction phonétique de scènes auxquelles chacun peut assister dans la rue ou sous un toit sans que la musique y coopère en quoi que ce soit, ni que le drame en subisse une quelconque impulsion.

Si j'éprouve le désir d'écouter les bavardages d'un atelier de « cousettes », je me rendrai directement à cet atelier sans m'arrêter dans un théâtre pour en voir une reproduction un peu faussée.... Si je veux assister à une fête populaire de Montmartre, l'idée ne me viendra pas d'entrer à l'Opéra-comique pour y voir cette même fête, mais truquée.... Il ne pourrait y avoir d'intérêt, dans ces photographies humaines que si elles devaient exercer une influence sur le drame. Hors ce cas, toutes les scènes de ce genre sont inutiles et fastidieuses au même titre que certains développements sur lesquels Wagner s'étend parfois avec trop de complaisance.

Mais, ce qui a fait, à juste raison, le succès de *Louise*, ce n'est ni la fête de la Muse, ni l'atelier, ni l'exhibition des rapins «très intelligents », ni la falote apparition du noctambule,

et encore moins les aphorismes déclamatoires de Julien, personnage à peu près inexistant; ce qui nous intéresse ce sont deux
caractères — les seuls émouvants — qui constituent à eux seuls
toute la trame dramatique : le père et la fille; l'un, immuable
gardien des traditions prolétaires, mais touchant dans ses
déceptions paternelles, l'autre, la jeune Louise, présentée au
début de la pièce, en pleine poésie, lisant une lettre d'amour,
puis sombrant peu à peu sous l'action des doctrines délétères
de son amant et finissant par abandonner le père malade pour
courir au Plaisir....

Cet émotionnant sujet, l'auteur a sû le traiter comme il le
fallait, avec un très juste sentiment des proportions, et, en
dépit du peu de valeur de certains thèmes, la musique prend le
dessus aux moments expressifs et vient, à l'aide des moyens
wagnériens, toucher nos cœurs qui se laisseront toujours gagner
lorsqu'un poète de talent voudra faire appel à leurs facultés
émotives.

Ernest Chausson, qui, en raison de sa haute culture et de
sa tendresse un peu mélancolique, fut peut-être — je l'ai dit
plus haut — celui des musiciens français qui s'assimila au plus
haut degré les doctrines wagnériennes, donna, dans son *Roi
Arthus*, le type le plus complet d'une œuvre influencée par le
géant de Baireuth.

Comment ne pas voir transparaître Tristan et Isolde à
travers Lancelot et Genièvre, et même le roi Marke en certains
passages du rôle d'Arthus? Néanmoins, l'œuvre, en son
ensemble, reste originale en ceci : que le juste sentiment des
proportions y vient toujours tempérer les velléités d'exagération de la réalisation scénique, velléités auxquelles nul auteur
allemand n'eut su résister. De ce fait, l'intervention de notre
esprit français conserve, pure de tout alliage, l'émotion pro-

fonde qui se dégage de certaines scènes, exemples de beauté absolue, comme celle de la mort de Genièvre, et la scène finale d'Arthus seul, si admirablement pensée et si originalement écrite.

Chez Paul Dukas, la conception du drame musical est tout autre. Si les éléments fondamentaux revêtent l'aspect de matériaux wagnériens, leur mise en œuvre n'en reste pas moins l'effet d'une action toute personnelle.

Les thèmes-conducteurs, courts, comme chez Wagner, mais d'un caractère mélodique très spécial, au lieu de s'appliquer directement à un personnage ou aux états d'âme de ce personnage, tendent à être traités plus musicalement que dramatiquement et en arrivent à établir ainsi une ambiance plus particulièrement symphonique dans laquelle ils semblent vouloir se fondre en développements successifs.

La voix est, la plupart du temps, écrite sous forme de mélopée libre, remarquable par la méticuleuse application des accents, mais il n'en reste pas moins certain que, si le style de Dukas paraît s'éloigner du système wagnérien, on ne peut cependant nier que les découvertes du poète de *Parsifal* n'aient constitué un sérieux appui pour l'établissement des bases sur lesquelles repose la construction d'*Ariane*.

Les thèmes fondamentaux sont peu nombreux mais d'une riche invention et se prêtent tout particulièrement au développement symphonique.

Voici les principaux de ces thèmes :

La Défense :

La Désobéissan c e : « Il faut désobéir, c'est le premier devoir

Le chant souterrain des Recluses :

La Résignation : (Acte III).

Il faut également remarquer, dans cette partition, le judicieux emploi du régime tonal, c'est-à-dire l'utilisation des trouvailles de Weber et de Wagner dans l'ordre de l'architecture musicale et des rapports de tonalités.

Avec Pierre de Breville, dans *Eros vainqueur* et J. Guy Ropartz, dans *Le Pays*, nous trouvons toujours, à la base, le système wagnérien et le caractère symphonique des éléments destinés à édifier le monument dramatico-musical. Chez le premier, c'est un soin extrêmement scrupuleux de la pureté de l'écriture et un sentiment exquis de poétique émotion dont la délicatesse ne se rencontre nulle part dans l'œuvre de l'auteur de *Tristan*; chez le second, c'est la vigueur qui domine, mais une vigueur franchement « de chez nous », qui n'a rien à voir avec la vulgaire brutalité de la plupart des musiciens d'outre Rhin.

Arrivons maintenant au dernier de la série des compositeurs français qui, sans aucune espèce de plagiat, ont subi l'influence wagnérienne et ont su tirer un parti personnel des ressources multiples offertes par ce nouveau style.

L'œuvre de Cl. A. Debussy fut bien vraiment l'aboutissement de cette rénovation artistique due à l'initiative allemande, mais dont les effets se produisirent presque exclusivement en France.

Si je dis : *l'œuvre* de Debussy, je n'entends point désigner par ce terme l'ensemble de la production de ce remarquable artiste, mais seulement l'ouvrage par lequel il a entièrement manifesté son talent, celui qui, sans cependant inaugurer une nouvelle ère, comme d'aucuns l'ont soutenu, se présente comme le point de clôture de toute la période wagnérienne : *Pelléas et Mélisande*.

Nul compositeur ne fut plus sensible aux influences que Cl. Debussy.

Dès ses débuts, après une courte incursion vers le préraphaélisme (*La Damoiselle élue*), c'est l'art de Moussorgsky qui le hante : diction syllabique plus rapprochée de la psalmodie que de la ligne mélodique, et constituée en périodes brèves.

En ce sens, la provenance des *Ariettes oubliées* et des *Poèmes* d'après Baudelaire semble se rattacher d'assez près à la *Chambre d'enfants* du compositeur russe.

Plus tard, sous l'instigation de Ch. Bordes, Debussy découvre notre belle déclamation française du XVIIIe siècle, ainsi que l'*arte rappresentativo* de Monteverdi. Il en est prodigieusement frappé, et, lançant un inutile et regrettable anathème au « chevalier Gluck », il ne jure que par Rameau, Campra, Marc Antoine Charpentier, et cherche à se pénétrer de leur style....

Une grande partie de *Pelléas* naquit de cette fréquentation.

Mais, laissant de côté ces divers avatars, examinons de quelle manière l'influence wagnérienne pût avoir prise sur Debussy.

Cette influence fut incontestablement considérable.

Abstraction faite des détails techniques, c'est à l'action de cette influence qu'est due toute la solidité de la bâtisse de *Pelléas et Mélisande*, œuvre qui, faute d'être appuyée par un sûr enchaînement tonal aurait risqué de s'effondrer sans espoir de réédification. Le remède contre ce danger d'instabilité, Debussy n'hésita pas à aller le chercher dans l'officine des trouvailles wagnériennes, et ce fut le vieux *Leitmotiv* qui, en dépit de ses cinquante ans d'existence, vint généreusement le lui fournir.

Debussy se servit de ce précieux agent de la même manière que Wagner employa dans tous ses ouvrages; le thème-conducteur n'a point ici pour mission de désigner spécialement tel personnage, et tous ces thèmes relèvent de l'ordre du sentiment; seul, celui qu'on nomme : le motif de la forêt pourrait se rattacher à l'ordre descriptif.

Le *Pelléas* de Debussy est donc édifié, comme les drames de l'auteur de *Tannhauser*, sur une dizaine de thèmes-conducteurs dont la valeur si on la considère au simple point de vue de la musique, est évidemment inférieure à celle des motifs wagnériens, mais qui, par ce fait même, sont empreints d'une malléabilité très favorable aux transformations qu'ils sont appelés à subir.

Voici l'énumération de ces dix éléments de l'œuvre :

A. La forêt :

B. Tristesse féminine : (*Mélisande*)

C. Tristesse masculine (*Pelléas*).

D. L'indécision : (*Golaud*).

E. Plainte :

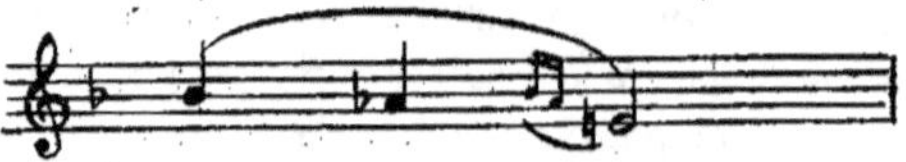

F. Désir :

G. Amour :

H. Insouciance (*Yniold*).

I. La crainte de la mort :

J. L'Ame :

Avec ces éléments, il eut été possible d'édifier un lourd drame wagnérien semblable à tant d'autres, mais ce n'était point ainsi que l'auteur de *Pelléas* entendait agir. Son génie inventif lui suggéra l'idée de faire de ces motifs-conducteurs un emploi assez différent de l'utilisation établie par le maître de Baireuth.

Il imagina donc d'ériger, au moyen de ces fragments, une série de *thèmes-pivots* — si l'on peut s'exprimer ainsi — ayant pour mission de distribuer en tous sens des rayons harmoniques, lesquels servent à présenter le discours musical dans l'ambiance qui lui convient.

On conçoit combien cette application nouvelle d'un procédé déjà ancien dut être précieuse, surtout par la manière dont usa Debussy pour la mettre en pratique.

L'œuvre, ainsi comprise, se constitue donc au moyen d'alternances des expositions mélodiques du *thème-pivot* avec les commentaires harmoniques destinés à créer, autour du texte déclamé, une atmosphère tout particulièrement exquise.

Il est facile de se rendre compte de ce système en étudiant de près la structure de la deuxième scène du premier acte (la lettre de Golaud).

Celle-ci s'ouvre sur le thème d'indécision (th. D) spécialement appliqué au bizarre caractère du personnage de Golaud, thème qui s'évapore peu à peu pour faire place à deux courtes expositions du dessin de *tristesse féminine* (th. : B : Mélisande). — Ce dessin s'efface lui-même, dans une sorte de poussière

11

de sons, jusqu'à l'entrée de Pelléas. A ce moment, la musique rebondit par l'apparition d'un nouveau motif, celui de la *tristesse masculine* (th. C : Pelléas), qui inaugure la scène III.

Cette scène, au contraire de la précédente, est franchement wagnérienne. Elle présente des développements très caractérisés des deux motifs-pivots : thème C (en *fa dièze majeur*) et thème B (en *si bémol-majeur*); ce dernier, amenant, par son retour au ton de *fa dièze*, la péroraison du premier acte.

L'analyse détaillée de la partition pourrait prouver la constante coexistence de ces deux systèmes de composition, où le développement wagnérien, directement issu de Beethoven, vient, quand il le faut, prêter main forte à l'auteur pour éviter le défaut de monotonie qui pourrait résulter d'une ambiance trop constamment établie sur le flottement de délicates combinaisons harmoniques.

Au surplus, et soit dit en passant, la fable poétique de Mæterlinck ne peut être considérée comme un véritable drame puisqu'on n'y rencontre pas la condition essentielle de l'œuvre dramatique : l'enchaînement logique et fatal des scènes; on ne doit donc y voir qu'une suite de tableaux que la musique de Debussy est venue très heureusement et habilement colorer.

Et cela touche de très près à l'art des manuscrits du XIIIe et du XIVe siècles où figure, en haut de chaque page, une vignette peinte de couleurs vives précédant un texte lequel est lui-même encadré et rehaussé par une profusion de charmantes enluminures décoratives n'ayant d'autre but que celui de mettre le texte en valeur visuelle. C'est cet art de l'*enlumineur* dont Debussy a su se servir avec un goût très affiné pour rehausser l'image un peu lourdement dessinée par le poète flamand et il faut reconnaître qu'il y a pleinement réussi.

Mais ce n'est pas tout.

En dépit de sa complication apparente, parfois même intentionnellement forcée, l'esprit de l'auteur des *Nocturnes* et de *L'Après-midi d'un faune* était bien resté d'essence latine; le sentiment de la logique et de la proportion, se rencontre à tous les pas dans son œuvre.

Il fut, peut-être, le seul musicien de son époque qui ait osé placer au premier plan le texte de son poème, en réservant à l'orchestre un rôle presque constant de simple soutien, proche parent du style décoratif des manuscrits dont j'ai parlé plus haut.

C'est ainsi que nos anciens maîtres français : les Lully, les Rameau, les Campra, les Destouches, et, plus tard, nos charmants auteurs d'opéra comiques, comprenaient l'interprétation du drame musical.

Le succès de *Pelléas* est certainement dû à cette disposition, car, malgré de nombreuses fluctuations, le public français fut, de tous temps, et reste encore sensible, avant tout, à la claire présentation du sujet; il aime à entendre et à comprendre « la pièce ». Nous avons déjà vu que ce fut grâce à cette caractéristique de notre goût national que la France put résister victorieusement aux violentes attaques de l'opéra italien qui, durant le XVIIIᵉ siècle, régna sans partage sur toutes les scènes de l'Europe, à l'exception de celle de l'Opéra de Paris et, cette précieuse qualité, nous l'avons conservée au milieu de toutes les transfigurations subies par l'art musical.

Et voilà qu'avec *Pelléas*, un public, résigné, à regret, à ne jamais entendre un mot de la déclamation chantée, en raison des excès de la sonorité orchestrale, se trouve en face d'une œuvre dont nulle parole ne lui échappe (pour peu que le chanteur articule convenablement), où le drame se déroule clairement devant lui sans exiger aucun effort pour en pénétrer le sens...; rien d'étonnant à ce que ce public ait rapidement adopté un ouvrage dont l'assimilation lui était rendue facile par le système d'écriture employé par l'auteur.

C'est cette simplicité dans la présentation et cette modéra-tion dans l'usage des forces orchestrales qui constituent le vrai caractère de l'art de Debussy. A ces qualités il convient d'ajouter la préoccupation de l'harmonie rare, laquelle n'est, du reste, point autre chose qu'une amplification des trouvailles de Wagner. Si celui-ci se sert couramment et au titre consonnant, des harmonies de *neuvième*, Debussy en agit de même façon vis-à-vis de la *seconde* et de la *onzième*, mais, dans ce sens, c'est à Wagner que revient l'honneur d'avoir défriché la route.

Prétendre que l'auteur de *Pelléas* nous a « libérés » de Wagner, comme l'ont écrit certains critiques inconscients, c'est faire preuve d'un bien pauvre jugement.

L'art de Debussy provient, sans contestation possible, de celui de l'auteur de *Tristan*; il est fondé sur les mêmes principes et il emploie les mêmes éléments et les mêmes méthodes pour établir l'architecture de l'œuvre; la seule différence est que, chez Debussy, l'application du drame wagnérien est manifestement traitée *à la française*, conservant au dialogue sa clarté et la faculté d'être compris dans tous ses détails. La part personnelle du poète des *Nocturnes* reste assez belle pour qu'on ne puisse lui reprocher d'avoir usé de ces éléments, déjà connus, en grand artiste.

Le triomphe de *Pelléas et Mélisande* ne nous apparaît donc pas comme un événement destructeur de l'influence wagné-rienne, ni, surtout, comme le point de départ d'une ère musi-cale nouvelle — (le mouvement fatal d'imitation debussyste fut de courte durée) — mais, au contraire, comme le point *terminus* de la féconde et magnifique époque de production que l'art de Richard Wagner avait contribué à établir dans notre pays.

Et il est bon de remarquer que les cinq ou six drames musicaux de valeur qui furent représentés postérieurement au succès de *Pelléas* : *Louise, Le Roi Arthus, Ariane, Eros vainqueur,* etc., gardent l'empreinte wagnérienne sans rien devoir aux procédés debussystes.

XI

Modernisme.

DE même que, dans la nature, les hauts sommets sont séparés par des vallées plus ou moins profondes, de même, en art, il y a toujours alternance entre les périodes de haute pensée, productrices de chefs-d'œuvre et les basses époques de décadence momentanée. Cette règle ne comporte point d'exceptions.

C'est ainsi qu'il en arriva pour notre art musical français : après la superbe ascension qui va, de Lully et Rameau jusqu'à Gluck, c'est la descente vertigineuse s'accentuant de marche en marche par l'emprise italienne du XIXe siècle et la période judaïque jusqu'aux bas fonds de l'opérette; et puis, c'est la vigoureuse remontée, due à César Franck et à ses élèves, qui crée de toutes pièces l'avènement de la musique instrumentale dans notre pays, inaugurant, sous l'influence de R. Wagner, une belle et solide école de drame musical.

A l'heure actuelle, nous semblons — et le même phénomène se présente dans la production musicale de toutes les nations —

vouloir retourner aux bas-fonds d'où l'auteur de *Parsifal* nous avait tirés.

Abandonnant délibérément le culte de la Beauté, cet antique fondement de tous les arts, les musiciens, ou, du moins, ceux qui veulent se faire passer pour tels, se ruent vers le matérialisme, et, dédaignant toute règle et toute contrainte, en sont arrivés à écrire n'importe quoi et n'importe comment.

Et ce sont des suites de notes dénuées de toute valeur musicale qui semblent avoir pour but de proscrire toute tendance à éveiller l'émotion dans l'âme de l'auditeur, ce qui était avant eux, la principale condition de l'art.

Ces jeunes gens, trop pressés d'*arriver*, se refusent à consacrer le temps nécessaire à l'acquisition du métier, indispensable à l'artiste qui veut créer.

Ils ne se doutent pas que ce ne fut qu'après sa sixième année d'apprentissage que le peintre Cennino Cennini — il l'a raconté lui-même — reçut des mains de son maître, Léonard, l'ardoise sur laquelle il lui était permis de dessiner et d'employer le métier acquis par un constant labeur à « copier la nature » avant de s'essayer à produire des « œuvres imaginées », œuvres qu'il ne devait tenter de réaliser qu'après dix années d'études.

Ils ont oublié, ces jeunes gens — et l'ont-ils jamais su ? — que Beethoven n'osa inscrire sur la première page du trio en *ut mineur*, la mention : op. 1, qu'après avoir déjà composé *quarante-neuf* œuvres : sonates, symphonies, concertos, œuvres qu'il considéra, avec raison, comme quantités négligeables et qu'il se refusa à publier.

Du fait de ce manque de métier, nos arrivistes, soucieux de pallier la vulgarité de leur ligne mélodique, ont pris le parti d'adjoindre à celle-ci tout un ensemble de sonorités totalement étrangères à la situation harmonique, et qui vont se disputant les palmes de la laideur.

D'aucun, peu rassurés sur la solidité de leurs propres inspirations, nous servent des morceaux entièrement pastichés de Haëndel, ou encore, des mélodies de Mozart enguirlandées de serpents et de bêtes venimeuses.... Depuis quelques temps, ils ont découvert l'existence d'un nommé Bach, et ils en font tous, mais en accommodant le plat avec une sauce tellement pimentée que le grand *Cantor* de Leipzig en eut frissonné d'horreur et eut chassé honteusement ces vendeurs du temple de l'art.

Et il est profondément regrettable que quelques musiciens, doués, eux, d'un réel talent, comme l'auteur de *Daphnis et Chloé* et de *Ma mère l'oye*, se soient cru obligés d'adopter, pour être « à la page », cette espèce d'argot, destructeur de toute musique, qu'ils devraient laisser aux invertébrés et aux impuissants.

Quoi qu'il en soit, les *snobs* d'applaudir avec frénésie à cette dégénérescence... et les critiques de suivre les *snobs* au lieu de les guider... et le public de dire, souvent sans aller entendre : « Il paraît que c'est très beau.... »

Le résultat le plus surprenant, le plus inattendu de cette ruée des compositeurs actuels vers l'immédiat succès, fut la suppression presque totale de la personnalité.

Usant tous du même procédé, il font tous « la même chose », et l'originalité se trouve, de ce fait, bannie de l'art musical.

Au reste, cette naïve présomption de « l'autodidactisme » et du « génie inné » se substituant au travail traditionnel de l'artiste et donnant à quiconque le droit de s'attribuer le rôle de créateur, est loin d'être nouvelle; nous la trouvons déjà signalée au siècle de Dante, alors que l'auteur de la *Commedia*, dans un ouvrage assez peu connu, la décrit ainsi :

« Qu'ils avouent donc leur sottise, ceux-là qui, dépourvus

d'art et de science, mais confiants en leur seul génie, s'échappent jusqu'à vouloir chanter les plus grandes choses. Qu'ils sachent rabaisser un orgueil injustifié, et, s'ils ne sont que des oies, qu'ils ne cherchent point à imiter le vol de l'aigle[1]. »

Mais, dans ce mouvement soi-disant *moderne*, où l'on pourrait retrouver bien des systèmes très anciens maladroitement appliqués, il y a pire que les défauts signalés plus haut; je veux parler de la méconnaissance des œuvres de Beauté qui jalonnent la route de l'art, et de la suprême indifférence vis-à-vis des génies créateurs de ces œuvres.

Est-ce une raison, si l'on aime l'art d'un jeune peintre moderne, pour traiter avec mépris celui d'un Carpaccio, d'un Vélasquez ou d'un Manet? Et pourquoi mon émotion serait-elle amoindrie à l'audition d'un Motet de Vittoria, du XIIe quatuor de Beethoven ou de *l'Enchantement du Vendredi-saint*, parce que tel jeune a produit un curieux spécimen de musique descriptive?

« C'est la mode!... » clame la chorale enrégimentée des *snobs*.

Il n'y a rien à répondre à cette raison péremptoire....

On ne peut cependant pas s'empêcher de trouver bien regrettable une mode ayant pour effet de rétrécir le cœur humain au point qu'il se reconnaisse lui-même incapable de contenir la somme d'admiration nécessaire pour admirer et aimer d'un égal amour *tout* ce qui est vraiment beau, vraiment admirable...

Triste mode, en tous cas, destinée à être balayée à jamais dès l'apparition du *génie, qui viendra fatalement*, comme toujours en pareille occurence, tirer les « hommes de bonne volonté » du bourbier où ils sont enlisés, pour les ramener enfin dans la pleine lumière des hautes cimes.

1. Dante Alighieri : *De vulgari Eloquentia*, liv. IV.

XII

Conclusion.

ET c'est vraiment ce rôle de sauveur et de conduc-
teur que Richard Wagner a joué vis-à-vis de
notre musique française, au cours du dernier
quart du XIXe siècle. C'est par la puissance de
son génie qu'il a contribué au groupement de
ceux de nos musiciens qui étaient sincèrement épris de leur art
et sensibles à l'action des œuvres de Beauté, provoquant ainsi,
en France, l'éclosion d'une superbe école de symphonie et de
musique de chambre; c'est son exemple qui a puissamment
servi à relever, chez nous, le drame musical, tombé si bas....

Comment ne lui serions-nous pas reconnaissants de pareils
bienfaits et ne garderions-nous pas une sincère gratitude envers
le maître-musicien qui nous a guidés dans la voie de la vérité?
— Pourquoi cesserions-nous de ressentir une profonde et
enthousiaste vénération pour des chefs-d'œuvre dont la puissance émotive n'a pas été égalée jusqu'ici?...

Concluons donc, et ne craignons pas d'affirmer que l'influence de Wagner fut, pour notre art musical français, éminemment salutaire.

Souhaitons, enfin, — et avec ardeur — la venue prochaine
d'un nouveau génie, dont la mission, comme celle de l'auteur
de *Parsifal*, aura pour but et pour effet d'élever nos âmes vers
les régions de l'amour et de la beauté.

Vincent d'Indy.

TABLE DES CHAPITRES

12771. — Coulommiers. Imp. PAUL BRODARD. — 12-29.